KRYPTO WÄHRUNGEN

Das 1x1 der Investments in Bitcoin & Altcoins

Wie Sie die Blockchain richtig verstehen lernen, in Kryptowährungen intelligent investieren und maximale Gewinne erzielen

INHALT

Überblick

Staatliche Währungen wie der Euro oder der US-Dollar sind sogenanntes *Fiatgeld*, das bedeutet, es besitzt keinen inneren bzw. intrinsischen Wert, anders als bei der Handelsware Gold, Soja, Tabak usw. Dies setzt ein gewisses Vertrauen in den Staat und die Zentralbanken voraus, da sich durch zum Beispiel Kriege, Finanzkrisen oder Sanktionen der Wert der Währung erheblich verringern kann. Es war an der Zeit, eine neue Art des Währungshandels zu erschaffen, bei der die Benutzer der Währung an niemandes Vertrauen gebunden sind.

Zwar sind Kryptowährungen auch *Fiatgeld*, doch durch ein cleveres Buchhaltungssystem umgehen Kryptowährungen die Legitimierung von Transaktionen durch Dritte, wie zum Beispiel Banken oder Staaten. Die Benutzer der Kryptowährungen legitimieren die Transaktionen alle durch mathematische Beweise selbst. Dabei ist die Buchhaltung transparent und für jeden einsehbar, doch bleiben die Beteiligten einer Transaktion anonym. Der Erfinder des *Bitcoins, Satoshi Nakamoto*, schreibt: *Mit einer elektronischen Währung, die auf einem kryptografischen Beweis beruht und kein Vertrauen in Mittelsmänner benötigt, ist Geld sicher und kann mühelos transferiert werden.*

Mit entsprechender Software und Internetverbindung können Kryptowährungen von jedem verwendet werden, egal, wo sich ein Mensch auf der Welt aufhalten mag. Die Daten werden dezentral gespeichert, das heißt, sie liegen nicht alle auf nur einem Server, sondern werden vielmehr auf jedem Datenträger der Benutzer verschlüsselt gespeichert, daher existieren keine Grenzen für Kryptowährungen. Des Weiteren setzt das System selbst fest, wie viele Neuemissionen, also neu-gedrucktes Geld, dem Markt hinzugefügt werden. Es existiert sogar eine Obergrenze, um eine Inflation zu vermeiden, doch dazu später mehr. Ein sehr interessanter Gedanke, doch wie werden diese Ideen in die Tat umgesetzt? Nachfolgend beleuchten wir zusammen die grundlegenden Aspekte dieser elektronischen Währungen.

Entstehung

Der Gedanke um eine Kryptowährung entstand schon vor der Jahrtausendwende. *Nick Szabo* ist IT-Spezialist, Kryptographie-Experte und Rechtswissenschaftler. 1998 veröffentlichte er sein Konzept von einer rein digitalen Währung, die sicher, anonym und nicht von einem Staatsorgan kontrolliert sein sollte. Er nannte sein Konzept *Bitgold* und legte damit den Grundstein für die heute größte und bekannteste Kryptowährung *Bitcoin*. Zur selben Zeit veröffentlichte auch der Computerwissenschaftler *Wei Dai* sein ähnliches Konzept für eine sichere und anonyme Währung, genannt *b-money*. Beide Theorien gingen nie in die Praxis über, dennoch wurde *Bitcoin* 2007 auf Grundlage von *Szabos* und *Dais* Ideen entwickelt und nur leicht verändert. Mittlerweile gibt es tausende Kryptowährungen, doch war *Bitcoin* nicht nur die erste seiner Art, die meisten Kryptowährungen basieren auf dem Modell des *Bitcoins*, daher soll es hier als Paradebeispiel dienen.

Im November 2008 wurde das fertige Konzept zu *Bitcoin* der Öffentlichkeit vorgestellt und ein paar Monate später, im Januar 2009, eine Referenzsoftware dazu freigegeben. Als Entwickler wird immer nur das Pseudonym *Satoshi Nakamoto* genannt. Ob hinter diesem Namen ein Individuum oder eine Gruppe steht, ist bis heute (Stand: 2020) unbekannt. Es ranken sich viele Mythen um den oder die Menschen hinter diesem Pseudonym. Als wahrscheinlichster Kandidat gilt selbstverständlich *Nick Szabo*, der bis heute jegliche Verbindung zu diesem Pseudonym abstreitet.

In einem Statement teilte *Nakamoto* seine Vision einer sicheren Währung der Welt mit. Geldmittel ohne inneren Wert setzten Vertrauen in den Staat bzw. in die Politik voraus. Mit der Kryptowährung sollte einem möglichen Vertrauensbruch durch den Staat entgegengewirkt werden.

Am 3. Januar 2009 wurde das Netzwerk des *Bitcoins* hochgefahren und die ersten 50 *Coins* geschürft. Da es anfangs noch keinen offiziellen Wechselkurs für die Währung gab, wurden die Kosten für das Schürfen von *Coins*, also die Neuemissionen, als Grundlage herangezogen. Damals belief sich der Wert eines *Bitcoins* auf etwa 0,08 Dollar-Cent pro *Coin*. Bis Oktober 2011 konnte man noch einen *Bitcoin* für 0,1 US-Dollar erwerben, im Februar 2011 war der Kurs bereits auf 1 US-Dollar gestiegen und im Juni desselben Jahres wurden 10 US-Dollar pro *Coin* gehandelt. Ein unaufhaltsamer Aufwärtstrend setzte sich in Bewegung, der bis Ende des Jahres 2017 anhielt. Zu diesem Zeitpunkt stand der Kurs für einen *Bitcoin* bei 20.000 US-Dollar. Hätten Sie also 2011 1.000 US-Dollar in *Bitcoin* investiert und diese 2017 gewechselt, wären Sie heute Multimillionär. Nachdem dieser Spitzenkurs erreicht wurde, fiel der Kurs wieder zurück auf etwas unter 4.000 US-Dollar. Seitdem schwankt der Kurs zwischen 10.000 und 4.000 US-Dollar (Stand: 2. Quartal 2020).

Bis 2014 gab es nur weniger als zehn Kryptowährungen insgesamt. Mit dem aufflammenden Interesse der Öffentlichkeit um *Bitcoin* begann die Ära der Kryptowährungen. Es wurden immer wieder ähnliche funktionierende Währungen unter anderem Namen veröffentlicht, wie zum Beispiel *Ether* oder *Litecoin*. Im ersten Quartal 2020 belief sich die Anzahl der Währungen auf über 5.100 (Quelle: *coinmarketcap.com*). *Bitcoin* ist zu dieser Zeit mit einem Anteil von ca. 63 % mit großem Abstand Marktführer.

Funktionsweise

Die Idee einer Kryptowährung ist ein Zahlungssystem, welches nicht auf Vertrauen beruht, sondern auf mathematischen Beweisen, und dabei von niemandem kontrolliert wird. In diesem Kapitel folgen wir den Kernideen einer Kryptowährung und gehen dabei auftretenden Problemen gemeinsam auf den Grund.

KASSENBUCH

Stellen Sie sich eine Gruppe von drei Menschen vor, die sich gegenseitig untereinander Geld leihen bzw. sich gegenseitig für etwas bezahlen. Es werden immer wieder Kleinbeträge zwischen den Beteiligten ausgetauscht.

Das Geschäft läuft immer besser und die Drei tauschen immer öfter untereinander Geldbeträge. Um den Arbeitsaufwand zu verringern, kommen die drei klugen Köpfe auf die Idee, statt die Transaktion selbst auszuführen, diese einfach in ein Kassenbuch zu schreiben und später abzurechnen. Bei einem Netzwerk von drei Benutzern könnten dann die einzelnen Transaktionen wie folgt aussehen: *Benutzer 1 gibt Benutzer 2 300 $, Benutzer 3 gibt Benutzer 1 50 $, Benutzer 2 gibt Benutzer 1 20 $*. Wofür die Benutzer das Geld ausgeben, bleibt ihnen überlassen.

Das Kassenbuch muss öffentlich sein und jeder Benutzer des Netzwerkes muss die Möglichkeit besitzen, dem Kassenbuch eine Zeile hinzuzufügen. Später werden sich dann zu einem vereinbarten Zeitpunkt das Kassenbuch und die Transaktionen zusammen von den Nutzern angeschaut und abgerechnet. *Benutzer 1* hat hier beispielsweise mehr Geld ausgegeben, als er bekommen hat und muss daher die Differenz von 230 $ in den vorhandenen Geldpool einzahlen. Auch *Benutzer 3* hat über seine Verhältnisse gelebt und 50 $ ausgegeben, ohne eine

Zahlung erhalten zu haben. *Benutzer 2* ist hier der Einzige, der einen hohen Geldbetrag von 300 $ erhalten und dabei nur 20 $ ausgegeben hat. Er kann sich glücklich schätzen und bekommt 280 $ aus dem Geldpool – genau den Betrag, den die anderen beiden Benutzer einzahlen mussten.

SIGNATUREN

So weit, so gut, doch was hält einen findigen Benutzer davon ab, in das Kassenbuch eine Transaktion zu seinen Gunsten einzutragen? *Benutzer 1* schreibt einfach: *Benutzer 2 gibt Benutzer 1 500 $.* Falls das System nicht nur auf Vertrauen basieren soll, muss hierfür eine Lösung erdacht werden. Der einfachste Weg ist es, jede Transaktion durch eine Unterschrift zu verifizieren, stellen die Drei fest. Jeder Benutzer muss also von nun an jede Transaktion, bevor sie als gültig anerkannt werden kann, unterschreiben. Selbstverständlich sollte die Unterschrift nicht von den anderen Benutzern fälschbar sein.

Da die drei Nutzer aus unterschiedlichen Ecken der Welt kommen, beschließen sie, Computer zu nutzen, um ihre Transaktionen abzuwickeln. Das bedeutet, sie müssen ihre Transaktionen von nun an digital signieren. Aber werden digitale Unterschriften auch den hohen Sicherheitsanforderungen der Drei gerecht? Vielleicht könnte ein findiger Benutzer den Code, aus dem diese digitale Unterschrift entspringt, einfach kopieren und hinter eine Transaktion im Kassenbuch einfügen. Eine weitere Lösung musste her.

Schlüssel

Hier kommen die zwei Schlüssel ins Spiel, die jedem Benutzer der Kryptowährungen zugeteilt werden. Der erste Schlüssel ist privat und nur dem einzelnen Benutzer des Netzwerkes bekannt. Aus ihm wird zuerst eine für jede Transaktion einzigartige Signatur in Abhängigkeit zu den Daten innerhalb der Transaktion selbst errechnet. Auf die reale Welt angewandt würde dies bedeuten, dass alle Ihre Unterschriften auf jedem

Dokument völlig anders aussehen würden und trotzdem Gültigkeit besäßen. Des Weiteren bedeutet dies, dass eine Veränderung der Daten auf dem Dokument auch automatisch die Signatur selbst verändern würde. Damit verliert dann das ganze Dokument seine Gültigkeit, da es nicht mehr vom Benutzer unterzeichnet ist. Auf eine Transaktion bezogen heißt dies, dass nur der Urheber der Transaktion selbst mit dieser einzigartigen Signatur unterschreiben kann, da nur er im Besitz des privaten Schlüssels ist.

In einem zweiten Schritt wird überprüft, ob die Unterschrift des Benutzers mit dieser Transaktion Gültigkeit besitzt. Dabei wird der zweite Schlüssel verwendet. Mit ihm kann von jedem Benutzer überprüft werden, ob der Besitzer bei einer Transaktion im Besitz seines privaten Schlüssels ist, ohne den privaten Schlüssel selbst gesehen zu haben. Der zweite Schlüssel ist öffentlich und wird aus dem privaten Schlüssel generiert. Mit ihm wird, in Abhängigkeit zu der Transaktion und der Signatur, festgestellt, ob die Transaktion als wahr anerkannt werden kann. Die Signatur kann also nicht mehr einfach von unserem findigen Benutzer 1 kopiert und unter eine neue Transaktion gesetzt werden, da diese nicht zusammenpassen würden und er nicht im Besitz des privaten Schlüssels ist, um eine passende Unterschrift zu errechnen.

Zusammengefasst wird aus dem ersten Schlüssel in Abhängigkeit zur Transaktion eine digitale unfälschbare Signatur berechnet. Im zweiten Schritt wird diese Transaktion über den öffentlichen Schlüssel verifiziert und letztendlich an alle Benutzer des Netzwerks gesendet.

Sicherheit

Nun könnte der findige Benutzer 1 vielleicht wiederum auf die ruhmreiche Idee kommen, sich einfach eine Transaktion und einen öffentlichen Schlüssel zu nehmen und damit die richtige Signatur zu erraten. Er probiert einfach solange Unterschriften auf einem Dokument aus, bis eine passt. Doch müsste der *Benutzer 1* großes Durchhaltevermögen beweisen und sich einen riesigen Vorrat an Kugelschreibern anlegen, denn es existieren bei einer 256-Bit verschlüsselten Signatur 2^256 verschiedene Möglichkeiten, wie diese Unterschrift aussehen könnte. Diese unvorstellbar gigantische Zahl besitzt über achtzig Stellen. Bei einer als wahr verifizierten Transaktion kann sich ein Benutzer also absolut sicher sein, dass der Urheber im Besitz des privaten Schlüssels war. Eine Fälschung der Transaktion unter falschem Namen wird somit völlig ausgeschlossen. Benutzer 1 hat Pech gehabt.

DEZENTRALISIERUNG

Nun gut, die drei Benutzer einigen sich darauf, ihre Transaktionen über das Zwei-Schlüssel-System zu verifizieren und diese in das Kassenbuch einzutragen. Doch tritt hierbei ein weiteres Problem auf: Wo sollte das Kassenbuch gespeichert werden? Auf einem einzigen Server wäre es vielleicht zu unsicher vor Angriffen oder Manipulation. Die Drei wollten außerdem ihr Kassenbuch nicht in die Hände Dritter legen. Die Lösung liegt nahe, das Kassenbuch einfach auf jedem der Computer der Nutzer zu speichern. Jeder Benutzer bekommt eine Version des Kassenbuches. Doch das Kassenbuch muss auch bei jedem Nutzer aktualisiert werden, falls eine neue Transaktion stattfindet. Kein Benutzer kann sich hierbei allerdings sicher sein, dass die Transaktionen, die er empfängt, auch von den anderen Benutzern empfangen wurden. Stellen Sie sich die Transaktionen als einen Werbebrief vor, der Ihnen ein Fest ankündigt. Absolut sicher, dass auch andere diesen Brief empfangen haben, können Sie sich nicht sein. Und falls auch andere diesen Brief erhalten haben, können Sie nicht sagen, in welcher Reihenfolge. Sie können sich das Chaos vorstellen, in der sich die Benutzer befinden. Dies war ein Hauptproblem der Kryptowährungen: Jeder musste die aktuelle Version des Kassenbuches besitzen und dabei auch sicher sein, dass die anderen Benutzer alle dieselbe Version besitzen.

ARBEITSNACHWEIS

Bei Kryptowährungen wurde sich dabei auf einen Arbeitsnachweis (siehe Kapitel: *Proof of Work*) geeinigt. Man vertraut also nur dem Kassenbuch, in dem die meiste Arbeit steckt. Wenn ein Benutzer nun eine Transaktion signiert, wird sie an alle Teilnehmer gesendet und muss verifiziert werden. Die Nutzer sammeln die neuesten Transaktionen in sogenannten Blöcken und berechnen dann mithilfe mathematischer Funktionen die Legitimität der Transaktionen. Da diese aufeinander basieren und in einer Kette gesammelt werden, würde für eine Manipulation der Kette ein hoher Arbeitsaufwand notwendig werden (siehe Kapitel: *51 %-Attacke*). Dies ist ein weiterer bedeutender Grund, welcher Kryptowährungen so sicher macht.

TRANSPARENZ

Wir wissen also bereits, dass das Kassenbuch bzw. die Transaktionskette dezentral und anonym von den Benutzern des Netzwerkes gelagert wird. Aus dieser Vorgehensweise resultiert ein neues Problem. Es muss sichergestellt werden, dass eine Transaktion auch wirklich dem Vorgängerblock zugeordnet werden kann. Außerdem kann sich ein Empfänger einer Transaktion nicht sicher sein, ob derselbe Betrag nicht schon vorher an einen anderen Ort transferiert wurde (engl.: *Double Spending*). Dieses Problem wird mit der Transparenz der Kryptowährungen gelöst. Alle Benutzer des Netzwerkes sind in der Lage, jede Transaktion zurückzuverfolgen und eigenständig zu überprüfen, da diese öffentlich zugänglich und aufeinander basierend im Kassenbuch eingetragen sind.

ZUSAMMENFASSUNG

Die drei Benutzer einigen sich also bei der Ausführung von Transaktionen auf ein Protokoll:

1. Neue Transaktionen müssen signiert und an die anderen Benutzer gesendet werden.
2. Diese werden von allen Benutzern empfangen und auf den einzelnen Seiten des Kassenbuches eingetragen.
3. Die neuen Transaktionen werden auf den Seiten des Kassenbuches von den einzelnen Benutzern überprüft.
4. Sollten die Seiten des Kassenbuches legitimiert werden, sendet ein Benutzer seine Seite an alle anderen Benutzer.
5. Die anderen Benutzer nehmen die legitimierte Seite daraufhin in ihr Journal auf.

Dies ist die grobe Arbeitsweise von Transaktionen innerhalb einer Kryptowährung. In den nächsten Kapiteln gehen wir auf die praktische Anwendung und den konkreten technischen Hintergrund ein.

Praxis

Die Funktionsweise einer Kryptowährung zu kennen, ist zwar vorteilhaft, wird aber nicht für die Nutzung vorausgesetzt. Alles, was Sie brauchen, um am Handel teilzuhaben, ist ein Smartphone oder PC mit einer stabilen Internetverbindung. Trotzdem müssen noch einige Punkte über Kryptowährungen, die wichtig für die Nutzung sind, besprochen werden. In diesem Kapitel finden Sie außerdem Schritt-für-Schritt-Anleitungen, wie Sie eine *Wallet*, also eine digitale Brieftasche für Ihre *Bitcoins*, anlegen und Transaktionen durchführen. Des Weiteren werfen wir noch einen Blick auf die Verbreitung von Kryptowährungen und die allgemeinen Sicherheitsbestimmungen, die Sie beachten sollten. Als letztes werden noch Möglichkeiten besprochen, den Markt der Kryptowährungen zu handeln, ohne die Währung selbst zu kaufen.

EINFÜHRUNG

Da *Bitcoin* die verbreitetste Variante einer Kryptowährung ist und die erste ihrer Art war, soll sie hier als Paradebeispiel dienen. Das Anwendungsprinzip ist bei anderen Kryptowährungen gleich oder ähnlich und kann daher auf die verschiedenen Variationen angewendet werden.

Als Erstes werfen wir einen Blick auf die Handhabung einer digitalen Brieftasche (engl.: *Wallet*) auf dem Smartphone. Diese ist genauso einfach zu bedienen wie eine EC- oder Kreditkarte. Allerdings benötigen Sie, anders als bei diesen traditionellen Zahlungsmitteln, keine PIN oder Unterschrift, um Transaktionen zu legitimieren. Der Händler muss bei einem Kauf lediglich den sogenannten *QR-Code* Ihres *Wallets* einscannen, um die Zahlung durchzuführen. *QR-Codes* sind, ähnlich wie Barcodes, digitale Daten, visuell in einem Block zusammengefasst. Smartphones oder andere Scanner besitzen die Möglichkeit, diese einzuscannen und dann die Daten gegebenenfalls auszuführen. Nachdem der Handelspartner diesen gescannt hat, wird Ihre Zahlung durchgeführt.

Wie im echten Leben besitzen Sie die vollständige Kontrolle über Ihre Brieftasche. Transaktionen über das *Bitcoin*-System sind auf Militär-Standard verschlüsselt. Niemand anders darf Transaktionen ohne Ihre Zustimmung durchführen, Ihr Konto einfrieren oder anderweitig auf Ihr Geld zugreifen. Sollten Sie sich an die allgemeinen Sicherheitsrichtlinien und Tipps in den folgenden Kapiteln halten, wird es keinen Grund zur Sorge geben.

Wie Sie bereits wissen, kennen Kryptowährungen keine nationalen Grenzen. Wie bei *PayPal* funktionieren die Zahlung und das Empfangen von Geld überall auf der Welt, sofern die nötige Technologie vorhanden ist. Da keine Banken involviert sind, brauchen Sie nicht auf diese zu warten. Für Kryptowährungen existieren keine Wochenenden oder Feiertage. Mit nur einer durchschnittlichen Wartezeit von etwa zehn Minuten werden alle Transaktionen rund um die Uhr, an jedem Tag im Jahr, von den teilnehmenden Benutzern bearbeitet.

Transaktionsgebühren werden bei den meisten Kryptowährungen vom Benutzer selbst festgelegt. *Wallets* besitzen normalerweise eine Standardgebühr für Transaktionen, doch können Sie mit höheren Gebühren den Validierungsprozess erheblich beschleunigen. Es gilt, zu beachten: Je höher Sie die Gebühr wählen, desto schneller werden Transaktionen ausgeführt. Das Wundervolle an diesem System ist, dass die Gebühr dabei nicht an die Höhe des zu transferierenden Betrages gebunden ist. Eine Transaktion von mehreren hundert *Bitcoins* kann durchaus dasselbe kosten wie eine Transaktion von nur einem *Bitcoin*.

Wahrscheinlich haben Sie schon davon gehört, dass Anonymität eine große Rolle bei Kryptowährungen spielt. Doch auf den zweiten Blick stellt der Benutzer fest, dass Kryptowährungen wahrscheinlich die transparentesten Zahlungssysteme auf diesem Planeten sind. Alle

Transaktionen werden samt den beteiligten *Bitcoin*-Adressen im gesamten Netzwerk auf ewig gespeichert. Möchten Sie beispielsweise einen Blick auf alle bisher getätigten Transaktionen innerhalb des *Bitcoin*-Netzwerks werfen, besuchen Sie die Webseite *blockchain.com/de/btc/blocks*. Diese können dann anhand des öffentlichen Schlüssels bzw. anhand der *Wallet*-Adresse von jedem Teilnehmer nachvollzogen und zurückverfolgt werden. Im Kapitel *Allgemeine Sicherheitsrichtlinien* finden Sie hierzu mehr Informationen.

Da *Bitcoin* und andere Kryptowährungen noch immer in den Kinderschuhen stecken und niemand die Zukunft des Marktes vorhersehen kann, gehen Sie mit äußerster Vorsicht bei Spekulationen vor. Es wird ferner nicht empfohlen, Ihre Ersparnisse in *Wallets* zu lagern. *Bitcoin*-Kurse sind extrem instabil. Dies rührt vor allem von den verhältnismäßig wenigen Marktteilnehmern her, da Kryptowährungen noch sehr jung sind. Allerdings können Kurssprünge auch von guten bzw. schlechten Nachrichten aus Politik und Wirtschaft verursacht werden. Diese können den Preis eines *Coins* binnen weniger Stunden, wenn nicht Minuten, ins Bodenlose stürzen lassen. Konsultieren Sie also bestenfalls einen Experten, bevor Sie mit Ihrem Kapital in den Markt der Kryptowährungen einsteigen. Falls Sie nicht vorhaben, Ihr eigenes Kapital durch den reinen Tausch von Kryptowährungen in gesetzliche Währungen zu vermehren, wird empfohlen, nach jeder Transaktion die empfangenen *Coins* in eine offiziell anerkannte Währung zu wechseln.

Das System der Kryptowährungen machen Rückzahlungen unmöglich. Da nur der Empfänger einer Transaktion die Geldsumme wieder zurücküberweisen kann, müssen Sie dem Handelspartner genügend Vertrauen entgegenbringen. Seien Sie sich also über die Seriosität Ihres Handelspartners bewusst. Tippfehler bei einer Transaktion werden normalerweise vom System, ähnlich wie beim traditionellen Überweisen von Geld durch eine Bank, ausgefiltert und nicht bearbeitet.

WALLETS

Als *Wallet* wird die Software bezeichnet, mit der Transaktionen zwischen zwei Knoten ausgeführt und überprüft werden. Sie bilden das Herz einer Kryptowährung. Es existieren viele verschiedene Software-Versionen einer *Wallet*. Manche bieten ein breiteres Spektrum an Funktionen und Features, schneiden aber wiederum in anderen Bereichen, wie zum Beispiel hinsichtlich Transaktionskosten oder Privatsphäre, schlechter ab. Sie sehen also, dass Sie eine *Wallet* ganz nach Ihren Wünschen zugeschnitten auswählen können.

Wallets sind allerdings nicht nur auf den Computer beschränkt. Falls Sie täglich mit *Bitcoins* Ihre Waren und Dienstleistungen bezahlen möchten, können Sie beispielsweise eine *Wallet* direkt auf Ihrem Smartphone installieren.

In den nächsten Kapiteln werden wir zusammen Schritt für Schritt eine *Wallet* auf einem Windows PC und einem Android Smartphone anlegen.

Erstsynchronisierung

Im Zuge der Erstsynchronisierung werden alle im Netzwerk verfügbaren Transaktionen der Kryptowährung auf einem PC heruntergeladen. Wie Sie bereits wissen, arbeiten Kryptowährungen dezentral und transparent. Daher muss sich jeder neue Benutzer die komplette *Blockchain* herunterladen, um sie später gegebenenfalls überprüfen zu können. Außerdem wird damit sichergestellt, dass jeder Benutzer auf demselben Stand der Transaktionen ist. Dieser Vorgang fordert allerdings einen hohen Anteil Ihres Festplattenspeichers. Bei der *Wallet Bitcoin Core* nimmt das Herunterladen der *Blockchain* über 250 Gigabyte Speicher in Anspruch (siehe Kapitel: *Node*). Wie lange das Herunterladen der Daten auf Ihrem Computer dauert, hängt selbstverständlich stark von der Bandbreite Ihrer Internetverbindung ab. Bei den meisten Kryptowährungen ist dieser Vorgang leider nötig. Planen Sie also eine gewisse Wartezeit ein, bevor Sie mit dem Handel über *Desktop Wallets* loslegen können.

Wallet anlegen: Windows

Nun geht es daran, eine *Wallet* auf dem PC anzulegen. Da *Bitcoin* die verlässlichste Kryptowährung ist, verwenden wir hier *Bitcoin* als Beispiel. Normalerweise ist der Vorgang bei anderen Kryptowährungen identisch oder ähnlich (Stand: 1. Quartal 2020) und kann daher auch auf andere Kryptowährungen außer *Bitcoin* angewendet werden.

1. Als Erstes müssen wir die Software der *Wallet* herunterladen. Dazu besuchen Sie bitte die Webadresse *bitcoin.org/de/waehlen-sie-ihre-wallet?step=5*

2. Nun werden Sie aufgefordert, eine *Bitcoin Wallet* zu wählen. Da wir hier auf einem Windows-PC arbeiten, klicken Sie bitte links unter dem Menüpunkt *Operating System* bzw. *Desktop* auf das Windows-Symbol (Von den drei Symbolen das ganz rechte Symbol).

3. Ihnen werden nun alle verfügbaren *Wallets* aufgelistet. In der Liste der verfügbaren Versionen wird Ihnen ebenfalls die Bewertung der *Wallets* in Sachen Kontrolle, Verifizierung, Transparenz, Software-Umgebung, Privatisierung und Kosten angezeigt. Die *Wallet* auf einem Windows-PC wird *Bitcoin Core* genannt. Der *Bitcoin Core* bietet in allen Bereichen eine ausgezeichnete Bewertung. Der einzige Nachteil des *Bitcoin Core* sind weniger Funktionen und er benötigt viel Festplattenspeicher. Doch überwiegen bei dieser *Wallet* die Vorteile die Nachteile. Klicken Sie bitte nun *Bitcoin Core* an.

4. Sie werden nun auf die Installationsseite der *Wallet* weitergeleitet. Dort werden Ihnen noch weitere Informationen zu *Bitcoin Core* bereitgestellt. Über den Button *Installieren* gelangen Sie auf die Downloadseite der *Wallet*. Dort werden Ihnen noch einmal die letzten wichtigen Informationen vor dem Download angezeigt. Normalerweise erkennt die

Webseite eigenständig, welche Version und Bit-Architektur (32-Bit oder 64-Bit) Sie benötigen. Um die Software herunterzuladen, klicken Sie bitte auf den Button *Download Bitcoin Core*. Speichern Sie die Datei in einem Verzeichnis auf Ihrem Computer und stellen Sie vor der Ausführung bitte sicher, dass Ihnen ausreichend Festplattenspeicher zur Verfügung steht (Bei *Bitcoin Core* sind es über 250 Gigabyte, siehe Kapitel: *Erstsynchronisierung*).

5. Nachdem Sie die Software erfolgreich heruntergeladen haben, führen Sie diese durch einen Doppelklick aus. Möglicherweise müssen Sie das Programm mit Administratorprivilegien ausführen. Klicken Sie auf *Weiter* bzw. *Next*.

6. Falls Ihnen das standardmäßige Installationsverzeichnis nicht zusagt, haben Sie in diesem Dialog die Möglichkeit, es gegebenenfalls anzupassen. Beachten Sie bitte, dass Sie später ein weiteres Verzeichnis für die Speicherung der *Blockchain* angeben müssen. Dieses Verzeichnis muss über 250 Gigabyte freien Speicherplatz verfügen. Klicken Sie bitte auf *Weiter* bzw. *Next*.

7. In diesem Dialog haben Sie die Möglichkeit, den Namen des Startmenü-Verzeichnisses der *Wallet* zu wählen. Sind Sie mit dem Namen zufrieden, klicken Sie bitte auf den Button *Installieren* bzw. *Install*.

8. Nach der erfolgreichen Installation klicken Sie bitte auf *Weiter* bzw. *Next*. Sie können nun die *Wallet* direkt aus der Installation heraus starten oder Sie starten sie manuell aus dem Startmenü heraus.

9. Beim Erststart von *Bitcoin Core* muss, wie oben bereits erwähnt, die komplette *Blockchain* ab der ersten Transaktion 2009 heruntergeladen und überprüft werden. Sie werden daher mit einem Willkommensdialog

begrüßt, bei dem Sie das Verzeichnis auswählen müssen, in dem Sie die Daten speichern möchten. Um ein benutzerdefiniertes Verzeichnis anzulegen, klicken Sie bitte zunächst auf die entsprechende Option im Dialog. Nun können Sie über den Button rechts neben dem Textfeld zu Ihrem Wunschverzeichnis navigieren und gegebenenfalls auch neue Ordner anlegen.

10. Ihnen steht nun außerdem die Option zur Verfügung, die *Wallet* im sogenannten *Prune-Modus* laufen zu lassen. In diesem Modus werden alle Blöcke der *Blockchain*, die von Ihnen heruntergeladen und verifiziert wurden, verworfen, da diese Daten nicht mehr benötigt werden. Das bedeutet, dass Sie bei einer Transaktion nicht mehr die komplette *Blockchain* aktualisieren müssen und somit erheblich mehr Speicherplatz einsparen. Besonders Benutzern mit einem gedeckelten Datenvolumen wird empfohlen, diesen Modus zu verwenden. Leider muss die Erstsynchronisierung und damit auch der Download der kompletten *Blockchain* beim ersten Start dennoch durchgeführt werden. Der einzige Nachteil am *Prune-Modus* ist, dass anderen Benutzern im Netzwerk die historischen Transaktionsblöcke auf Ihrem Computer nicht mehr zur Verfügung stehen und damit die Zusammenarbeit verlangsamt wird. Klicken Sie auf *Ok,* um *Bitcoin Core* zu starten und mit der Erstsynchronisierung zu beginnen.

Nachdem die *Wallet* ordnungsgemäß gestartet wurde und die Erstsynchronisierung begonnen hat, wird Ihnen in dem Programm der aktuelle Fortschritt der Erstsynchronisierung angezeigt. Durch einen Klick auf *Ausblenden* haben Sie die Möglichkeit, sich jetzt schon in Ihrer *Wallet* umzusehen. Im Kapitel *Coins empfangen / Coins senden,* finden Sie weitere Informationen und Anleitungen für die weitere Verwendung Ihrer *Wallet.*

Wallet anlegen: Android

Da *Wallets* auf einem Desktop-PC relativ unpraktisch sind, um damit in Geschäften zu zahlen, existieren selbstverständlich bereits *Wallet Apps* für das Smartphone. Diese sind, wie Sie feststellen werden, extrem einfach zu handhaben, doch sind die *Wallet Apps* keine vollständigen *Bitcoin*-Klienten. Das liegt vor allem daran, dass nicht die komplette *Blockchain* bei einer Erstsynchronisierung auf das Handy geladen wird, denn dies würde vermutlich den verfügbaren Speicher der meisten Handybenutzer bei Weitem übersteigen. Doch wie wird dann eine Transaktion sicher auf dem Smartphone verifiziert? Alle *Wallet Apps* nutzen hierbei die sogenannte *Simplified Payment Verification* (SPV). Diese Technologie ermöglicht es, nur einen kleinen Teil der *Blockchain* herunterzuladen und dann zu überprüfen. Für eine sichere Transaktion reicht diese Art von Überprüfung allerdings vollständig aus.

Auch bei dem Anlegen einer *Wallet* auf Ihrem Smartphone verwenden wir die *Bitcoin Wallet* als Beispiel, da diese mit hervorragenden Bewertungen in allen Bereichen hervorsticht. Die Installation und die Verwendung auf dem Smartphone könnten einfacher nicht sein und werden besonders technisch nicht versierten Personen empfohlen.

1. Auf dem Smartphone wird die *Wallet* von *Bitcoin* einfach *Bitcoin Wallet* genannt. Um diese auf Ihrem Smartphone zu installieren, besuchen Sie bitte zuerst den *Google PlayStore*. In die Suchleiste geben Sie einfach den Begriff *Bitcoin Wallet* ein und bestätigen.

2. Daraufhin werden Ihnen viele verschiedene *Wallets* aufgelistet. Wir entscheiden uns allerdings in diesem Beispiel für die *Bitcoin Wallet*. Tippen Sie dazu einfach auf die entsprechende Zeile der Liste.

3. Um die Software auf Ihr Smartphone herunterzuladen, tippen Sie dazu einfach auf den Button Installieren. Nun wird die Software

automatisch aus dem *PlayStore* auf Ihr Smartphone geladen und installiert. Dieser Vorgang kann, je nachdem, wie leistungsstark Ihr Smartphone ist, einige Zeit in Anspruch nehmen.

4. Nach der erfolgreichen Installation muss sich die *Wallet* letztendlich noch mit dem Netzwerk synchronisieren. Dies sollte nicht viel Zeit in Anspruch nehmen. Danach können Sie die *Wallet* bereits vollständig nutzen.

Coins senden: Windows

Um *Bitcoins* von Ihrer *Desktop Wallet* beispielsweise an einen Verkäufer oder einer Ihrer anderen *Wallets* zu überweisen, folgen Sie diesen einfachen Schritten:

1. In der *Bitcoin Core Wallet* klicken Sie bitte oben zunächst auf den Reiter *Überweisen.*

2. Im ersten Textfeld müssen Sie zuerst eine Empfängeradresse eingeben. Diese Adresse bzw. diesen Schlüssel bekommen Sie normalerweise vom Verkäufer zur Verfügung gestellt und sie bzw. er dient sozusagen als Kontonummer Ihrer *Wallet.*

3. Darunter können Sie optional eine Bezeichnung für die Transaktion festlegen. Die Bezeichnung wird dann samt der Adresse des Verkäufers in Ihrem Adressbuch gespeichert, falls Sie später noch einmal auf diese Adresse zugreifen möchten.

4. Im Zahlenfeld darunter können Sie festlegen, welchen Betrag Sie überweisen möchten. Rechts daneben haben Sie die Möglichkeit, die Einheit der Zahlung festzulegen. Ähnlich wie bei gesetzlichem Geld gibt es auch hier nicht nur eine Währungseinheit. BTC ist dabei die

Höchste. Zu Ehren des Erfinders des *Bitcoins* wird die kleinste Einheit *Satoshi* genannt (0,001 BTC = 1 *Sathoshi*). Rechts daneben können Sie festlegen, ob Sie die Transaktionsgebühr von dem zu überweisenden Betrag abziehen möchten oder nicht. Falls nicht, wird er auf den Überweisungsbetrag aufgeschlagen (Um mit einem Klick Ihren gesamten Kontostand zu transferieren, klicken Sie einfach auf den Button *Benutze verfügbaren Kontostand.*).

5. Im unteren Bereich des *Wallet*-Fensters werden Ihnen die Gebühren für Ihre Transaktion angezeigt. Diese berechnen sich normalerweise aus der Größe Ihrer Transaktion und sind immer an die Durchschnittsgebühr des *Bitcoin*-Netzwerks angepasst. Sollten Sie mit der vorgeschlagenen Gebühr nicht einverstanden sein, klicken Sie auf den daneben befindlichen Button *Auswählen.* Im folgenden Kontextmenü werden Ihnen zuerst Details zur empfohlenen Gebühr angezeigt, darunter auch die durchschnittliche Zeit, die Ihre Transaktion für die Legitimierung benötigt. Sie können ebenfalls eine benutzerdefinierte Transaktionsgebühr festlegen. Achten Sie darauf, den Betrag nicht zu niedrig zu wählen, da es sonst dazu kommen kann, dass Ihre Transaktion erst sehr spät bis überhaupt nicht ausgeführt wird. Denken Sie bitte außerdem daran, dass eine Transaktion erst ab etwa sechs verifizierten Blöcken als sicher gilt (Mit der Option *Replace-By-Fee* wird Ihre Transaktion gegen andere Transaktionen mit einer niedrigeren Gebühr ausgetauscht und bearbeitet.).

6. Haben Sie alle nötigen Informationen eingegeben und Einstellungen vorgenommen, klicken Sie zum Senden Ihrer Transaktion abschließend auf den Button *Überweisen.*

7. Im Reiter *Übersicht* können Sie nun den Status Ihrer Transaktion verfolgen.

Coins senden: Android

Um *Bitcoins* über die *Bitcoin Wallet App* auf dem Smartphone an einen Empfänger zu senden, folgen Sie diesen einfachen Schritten:

1. Öffnen Sie Ihre *Bitcoin Wallet App* auf Ihrem Smartphone und tippen Sie unten rechts auf *Senden.*

2. Nun haben Sie die Möglichkeit, die Adresse bzw. den Schlüssel des Empfängers manuell in das entsprechende Textfeld einzutragen. Da dies allerdings Tippfehler zulässt und zudem sehr umständlich ist, empfehle ich Ihnen, den *QR-Code* des Empfängers einzuscannen, falls er verfügbar ist. Dazu tippen Sie einfach auf das Kamera-Symbol, welches oben rechts im aktuellen Fenster gelegen ist. Scannen Sie nun den *QR-Code* des Empfängers oder geben Sie die Adresse manuell ein.

3. Geben Sie nun in das entsprechende Textfeld den Betrag ein, den Sie überweisen möchten. Der Wert der *Bitcoins* wird automatisch zum aktuellen Kurs in Euro umgerechnet und Ihnen angezeigt.

4. Haben Sie alle erforderlichen Daten eingegeben und überprüft, tippen Sie auf den Button *Senden.*

5. Im Hauptfenster der App können Sie Ihre Transaktion nun verfolgen.

Coins empfangen: Windows

Um *Bitcoins* in Ihrer *Bitcoin Core Wallet* zu empfangen, benötigt der Sender lediglich eine Ihrer Empfängeradressen. Folgen Sie diesen einfachen Schritten, um sich eine neue Empfängeradresse für Ihre *Wallet* zu generieren:

1. Klicken Sie bitte zunächst oben im Hauptfenster von *Bitcoin Core* auf den Reiter *Empfangen.*

2. Normalerweise brauchen Sie keine der vorhandenen Textfelder auszufüllen. Um bei vielen Transaktionen die Übersicht zu behalten, empfiehlt es sich allerdings, eine Bezeichnung für die Überweisung einzugeben. Sie können des Weiteren auch einen bestimmten Betrag vor der Überweisung festlegen, um mögliche Missverständnisse auszuschließen. Um eine schnelle Abwicklung der Transaktion zu gewährleisten, empfiehlt es sich, die Option *Generiere native SegWit (Bech32) Adresse* aktiviert zu lassen. Die neuartigen *SegWit Adressen* bieten außerdem, neben schnellerer Abwicklung und mehr Datenverarbeitung pro Block geringere Transaktionsgebühren. Sind Sie mit allen Einstellungen zufrieden, klicken Sie nun bitte auf den Button *Neue Empfängeradresse erstellen.*

3. Ihnen werden daraufhin die Daten der neu generierten Empfängeradresse in einem neuen Fenster angezeigt. Lassen Sie den *QR-Code* einfach von dem Sender der *Bitcoins* einscannen oder geben Sie ihm Ihre Adresse in Form von Zahlen und Buchstaben. Unten im Fenster haben Sie außerdem die Möglichkeit, mit nur einem Knopfdruck die URL oder die Adresse zu kopieren und den *QR-Code* auf Ihrem Computer zu speichern.

4. Im Reiter *Übersicht* können Sie nun den Status der Transaktion verfolgen.

Sie können sich auch eine Übersicht all Ihrer verwendeten *Bitcoin*-Adressen zu dieser *Wallet* anzeigen lassen. Klicken Sie dazu bitte in der obersten Menüleiste der *Wallet* auf den Reiter *Programmfenster* und wählen Sie im Kontextmenü den Listenpunkt *Empfängeradressen.* Selbstverständlich können Sie sich auch alle Senderadressen auf dieselbe Weise anzeigen lassen.

Coins empfangen: Android

Möchten Sie *Bitcoins* auf Ihrer *Bitcoin Wallet App* empfangen, braucht der Sender nur Ihre Empfängeradresse zu kennen. In Ihrer *Bitcoin Wallet App* finden Sie Ihre Empfängeradresse in Form eines *QR-Codes* oben rechts im Hauptfenster. Sie können den *QR-Code* vergrößern, indem Sie ihn antippen. Darunter befindet sich des Weiteren Ihre Empfängeradresse in Form von Zahlen und Buchstaben, falls der Sender nicht über die Möglichkeit verfügt, Ihren *QR-Code* einzuscannen.

Beachten Sie bitte, dass sich Ihre Empfängeradresse aus Sicherheitsgründen nach jeder Transaktion automatisch ändert. Es ist in dieser App allerdings auch möglich, *Bitcoins* an eine von Ihnen bereits verwendete Adresse zu senden. Tippen Sie dazu im Hauptfenster der App ganz oben rechts auf die drei Punkte. Tippen Sie im Kontextmenü dann auf *An alte Adresse senden.* Daraufhin werden Sie in den *Bitcoins anfordern*-Dialog geleitet. Dort können Sie dann den anzufordernden Betrag eingeben und den *QR-Code* vom Sender einscannen lassen, um die Transaktion abzuschließen.

Erwerb

Um Ihre *Bitcoin Wallet* aufzuladen, müssen Sie als erstes *Bitcoins* empfangen bzw. kaufen. Der einfachste und sicherste Weg, um *Bitcoins* zu kaufen, ist der Weg über eine sogenannte *Cryptocoin* Börse (Siehe Kapitel: *Cryptocoin Börsen*). Wir gehen nun Schritt für Schritt durch den Registrierungsprozess bei einer Börse. Als Beispiel verwenden wir hier die deutsche Börse *bitcoin.de,* welche ihren Sitz in Herford hat.

1. Navigieren Sie zur Webseite *bitcoin.de* und klicken Sie oben rechts auf den Button Registrieren.

2. Als Erstes werden Sie gebeten, einen Benutzernamen zu wählen. Beachten Sie bitte, dass der gewählte Name später nicht mehr geändert werden kann. Also wählen Sie ihn mit Bedacht. Geben Sie nun noch Ihre E-Mail Adresse und das Wunschpasswort in die verfügbaren Textfelder ein.

3. Lesen Sie sich bei Interesse die AGBs und Geschäftsvereinbarungen durch und bestätigen Sie Ihre Zustimmung durch die Setzung eines Häkchens an den verfügbaren Stellen. Sie müssen allen AGBs und Vereinbarungen zustimmen, um fortfahren zu können. Einzig dem Newsletter müssen Sie nicht zustimmen. Klicken Sie nun bitte auf *Registrieren.*

4. Sofern die E-Mail-Adresse nicht bereits verwendet wird, wird Ihnen im Zuge der Registrierung eine Bestätigungsmail an die eingegebene Adresse gesendet. Dies dient der Verifikation Ihrer E-Mail-Adresse und kann einige Minuten in Anspruch nehmen. Falls Sie die E-Mail nach einer längeren Wartezeit immer noch nicht in Ihrem Postfach sehen, stellen Sie fest, ob sich die E-Mail möglicherweise in Ihrem Spam-Ordner befindet. Navigieren Sie also nun in Ihr E-Mail-Postfach und bestätigen Sie Ihre Registrierung durch einen Klick auf den in der E-Mail angegebenen Link.

5. Sollte alles ordnungsgemäß funktioniert haben, öffnet sich durch den Klick auf den Link ein neues Browserfenster, in dem Sie sich auf *bitcoin.de* mit Ihrer E-Mail-Adresse oder Ihrem Benutzernamen und dem festgelegten Passwort einloggen können.

6. Wenn Sie sich nun eingeloggt haben, werden Sie feststellen, dass Sie, ähnlich wie beim Online-Banking, noch einen sogenannten Login-TAN angeben müssen. Dieser wird Ihnen, wie die Bestätigungsmail, an Ihr Postfach gesendet. Navigieren Sie also nun wieder zu Ihrem Postfach. Kopieren Sie sich den Login-TAN einfachheitshalber: Mit gedrückter linker Maustaste markieren, Rechtsklick, Kopieren. Wechseln Sie nun wieder zurück zur Login-Seite und fügen Sie den Login-TAN dann in das entsprechende Textfeld ein (Rechtsklick auf das Textfeld, Einfügen). Klicken Sie dann auf den Button *Anmelden.*

7. Im nächsten Schritt müssen Sie Angaben zu Ihrer Person machen. Dies ist vom Gesetzgeber wegen Geldwäscheprävention (Siehe Kapitel: *Verbreitung, Bitcoin-ATM*) so vorgeschrieben. Achten Sie bitte insbesondere auf die Richtigkeit der Angaben. Falschangaben können unter Umständen zu gesetzlichen Problemen führen. Des Weiteren wird Ihr Benutzerkonto noch mit Ihrem Bankkonto verbunden und Sie müssen sich für einen unbeschränkten Handel außerdem zum Beispiel über das Postident-Verfahren identifizieren. Auch können die Angaben später nur in Ausnahmefällen geändert werden.

8. Nachdem Sie Ihre Angaben noch einmal bestätigen müssen, wird Ihnen per SMS ein Freischaltcode auf Ihr Handy gesendet. Diesen müssen Sie dann in das entsprechende Textfeld auf der nächsten Seite übertragen, um diesen Schritt der Registrierung vollständig abzuschließen.

Als letzten Schritt, bevor Sie mit dem Handel beginnen können, werden Sie von *bitcoin.de* dazu aufgefordert, ein verifiziertes Bankkonto anzulegen. Klicken Sie dazu oben rechts auf den Button *mein Bitcoin.de* und im folgenden Kontextmenü auf *Einstellungen.* Wählen Sie aus der angezeigten Liste die Zeile *Bankkonto* mit einem Klick aus. Sie haben nun die

Option, Ihr klassisches Bankkonto zu registrieren oder ein *Fidor*-Bankkonto anzulegen. Für weitere Informationen über die Vorteile eines Fidor-Kontos lesen Sie bitte den Infotext auf *bitcoin.de* und folgen Sie den Anweisungen dort, falls Sie sich für diese Methode entscheiden sollten. Möchten Sie beispielsweise ein klassisches Girokonto verifizieren, klicken Sie auf *Weiter ohne Fidor Konto* und geben Sie Ihre IBAN an. Dieses Konto müssen Sie dann noch per Postident-Verfahren bestätigen.

Haben Sie dann Ihr Bankkonto bestätigt, sind Sie befugt, auf den Marktplätzen der angebotenen Kryptowährungen Handel zu treiben. Klicken Sie dazu in der Menüleiste auf den Button *Marktplatz.* Mit einem Klick auf die Reiter darunter werden Ihnen die Marktplätze der verschiedenen Währungen angezeigt. Wählen Sie beispielsweise *BTC/EUR* für den Handel mit *Bitcoins* aus. In der Spalte *Kaufen* werden Ihnen nun alle Angebote angezeigt, durch die Sie *Bitcoins* gegen Euro kaufen können. In der Zeile *Verkaufen* werden Ihnen alle Angebote von Benutzern angezeigt, die ihre *Bitcoins* für einen bestimmten Betrag in Euro verkaufen möchten. Über die Textfelder oberhalb der Liste können Sie außerdem nach Angeboten mit einer bestimmten Anzahl an *Bitcoins* suchen und diese nach Ankaufs- bzw. Verkaufspreis filtern.
Sollten Sie nun einen Kauf von *Bitcoins* über den Marktplatz veranlasst haben, werden Ihnen von *bitcoin.de* die Bankdaten des Verkäufers per E-Mail zugesendet. Sie müssen dann innerhalb von maximal 36 Stunden den gekauften Betrag in Euro an das Bankkonto des Verkäufers überweisen. Die Überweisung müssen Sie dann nochmalig auf *bitcoin.de* bestätigen. Haben Sie dann den Kaufbetrag überwiesen, werden Ihnen vom Verkäufer Ihre *Bitcoins* an Ihre *Online Wallet* auf *bitcoin.de* gesendet. Den Kontostand Ihrer *Online Wallet* können Sie jederzeit durch einen Klick auf den Button *mein Bitcoin.de* in Augenschein nehmen.

Um nun Ihre gekauften *Bitcoins* von Ihrer *Online Wallet* beispielsweise an Ihre *Wallet App* auf dem Smartphone zu transferieren, klicken Sie unter *mein Bitcoin.de* auf *Auszahlungen.* Dort geben Sie einfach den zu transferierenden Betrag und die Empfangsadresse Ihrer *Wallet App* ein. Stellen Sie unbedingt sicher, dass die Empfängeradresse korrekt geschrieben ist, denn eine Überweisung von Kryptowährungen kann nicht rückgängig gemacht werden. Für den Transfer wird von den *Cryptocoin-Börsen* außerdem eine Gebühr erhoben, die sich an den aktuellen Transfergebühren der Kryptowährung misst. Nach der Bestätigung des Transfers durch Ihr *bitcoin.de*-Passwort wird Ihnen eine mTAN an Ihr Smartphone gesendet, mit der Sie die Transaktion bestätigen müssen. Daraufhin werden die *Bitcoins* direkt an Ihre *Wallet App* gesendet und stehen dort dem weiteren Gebrauch zur Verfügung (siehe Kapitel: *Verbreitung*).

Tipps zur Sicherheit

Der wohl wichtigste Tipp für den sicheren Umgang mit Transaktionen ist, auf mehrere Verifizierungen zu warten, bevor Sie einer Transaktion Vertrauen schenken. Nach dem Prinzip der *Blockchain* gilt eine Transaktion erst dann als sicher und vertrauenswürdig, wenn diese mehr als einmal von den verschiedenen Knotenpunkten verifiziert wurde. Je öfter die Transaktion verifiziert wurde, desto vertrauenswürdiger ist sie. Bei dem Handel mit *Bitcoins* empfiehlt es sich, auf sechs Verifizierungen zu warten, bevor Sie der Transaktion Glauben schenken. Eine Verifizierung dauert bei *Bitcoin* durchschnittlich zehn Minuten, kann aber durch höher festgelegte Gebühren enorm beschleunigt werden. Je höher Sie die Gebühren festlegen, desto schneller wird Ihre Transaktion bearbeitet werden.

Genau wie im wirklichen Leben sollten Sie Ihre Brieftasche vor fremdem Zugriff schützen. Es wird daher empfohlen, Ihre digitale Brieftasche nicht in unsicheren Umgebungen zu lagern. Dienste, die Ihre *Wallet* im Internet lagern, wären ein Beispiel für eine unsichere Umgebung. Die Vergangenheit zeigt, dass derartige Dienste keinesfalls gegen Angriffe von außen geschützt sind. Lagern Sie Ihre *Wallet* also bestenfalls nur auf Ihrem privaten Computer oder Smartphone.

Auch die Lagerung von hohen Beträgen in Ihrer *Wallet* sollte vermieden werden, da der Kurs einer Kryptowährung extremen Schwankungen unterliegt. Lagern Sie also nur so viel Geld in Ihrer *Wallet*, wie Sie für den täglichen Gebrauch benötigen.

Viele *Wallets* bieten eine eingebaute Verschlüsselung Ihrer Daten an. Sie können außerdem ein Passwort für den Zugriff auf verschlüsselte Daten festlegen. Ein Diebstahl Ihres Computers oder Smartphones kann ohne verschlüsselte Daten und Passwort den kompletten Verlust Ihres Kapitals bedeuten. Besonders *Wallets*, die online gelagert werden, laufen ständig Gefahr, von böswilligen Hackern gestohlen zu werden. Nutzen Sie also unbedingt eine Verschlüsselung für Ihre *Wallet* (siehe Kapitel: *Desktop Wallet verschlüsseln*).

Auch ein Datenverlust durch zum Beispiel beschädigte Hardware könnte fatale Folgen haben, da auch hier Ihr privater Schlüssel verloren gehen könnte. Es wird daher dringend empfohlen, regelmäßige Backups Ihrer *Wallet* anzulegen. Achten Sie dabei darauf, ein Backup der kompletten *Wallet* anzulegen und nicht nur von Ihren privaten und öffentlichen Schlüsseln, denn einige *Wallets* benutzen interne private Schlüssel, die für den Benutzer nicht sichtbar sind und doch mit Ihrer *Wallet* bzw. Ihrem Kapital zusammenhängen.

Um Ihre *Wallet* so sicher wie möglich zu lagern, speichern Sie sie am besten auf verschiedenen Medien, wie zum Beispiel einem USB-Stick, einer externen Festplatte oder auf CDs/DVDs. Die Gefahr eines kompletten Datenverlustes wird damit auf ein Minimum reduziert. Es wurden außerdem die ersten Hardware-*Wallets* veröffentlicht (siehe Kapitel: *Weitere Wallet Arten*). Ihre *Wallet* liegt dann zum Beispiel auf einem verschlüsselten USB-Stick, auf dem keine anderen Daten gespeichert werden können und damit auch keine Keylogger, welche alle Tasteneingaben Ihres Computers speichern und an einen böswilligen Hacker weiterleiten.

Bei der Wahl Ihres Passwortes sollten Sie darauf achten, dass es keinen persönlichen Bezug zu Ihnen hat, wie zum Beispiel Ihr Geburtsdatum, Ihre Adresse, Ihr Name usw. Gewiefte Hacker werden zuerst diese Art von Passwort ausprobieren, nachdem sie Informationen über Sie gesammelt haben. Im besten Fall lassen Sie sich über eine Internetseite ein völlig zufälliges Passwort aus Buchstaben, Zahlen und Sonderzeichen generieren. Ein Passwort dieser Art ist zwar schwer im Gedächtnis zu halten, bietet aber den besten Schutz vor Passwort-Attacken.

Sie sollten bei Kryptowährungen niemals Ihr Passwort vergessen, da es wenig bis gar keine Möglichkeiten gibt, Ihr Passwort wiederherzustellen. Sich das Passwort aufzuschreiben und an einem physisch sicheren Ort zu verwahren, zu dem am besten nur Sie Zugang haben, ist im Falle von Kryptowährungen eine gute Vorgehensweise, um sich zu schützen.

Falls Sie Ihre *Wallet* so sicher wie möglich gestalten möchten, wäre die Verwendung eines zweiten Computers, der nicht mit dem Internet verbunden ist, möglicherweise eine gute Strategie für Sie. Die *Wallet Armory* bietet diese Art von Offline-Signatur. Diese Sicherheitsmaßnahme ist zwar aufwendig und wird eher von erfahreneren Benutzern verwendet, aber sie soll hier trotzdem nicht unerwähnt bleiben. Computer, die nicht mit dem Internet verbunden sind, bieten die größte mögliche Sicherheit, da keine Angriffe von außen erfolgen können. Daher sollte der erste Computer offline sein. Auf diesem werden dann Ihre kompletten Daten zu Ihrer *Wallet* gespeichert. Nur der Offline-Computer ist hierbei in der Lage, Ihre Transaktionen zu validieren. Der zweite Computer darf hierbei nur zur Erstellung von nicht validierten Transaktionen dienen. Als Erstes erstellen Sie auf dem Online-Computer eine nicht validierte Transaktion, dann transferieren Sie diese über ein Speichermedium, wie zum Beispiel über einen USB-Stick, auf den Offline-Computer und lassen die Transaktion validieren. Als Letztes schicken Sie die Transaktion über den Online-Computer ins Netzwerk. Selbst, wenn Ihr Online-Computer durch schädliche Software oder Ähnliches kompromittiert wurde, können keine validierten Transaktionen getätigt werden.

Als Letztes möchte ich Ihnen noch empfehlen, die Software der Kryptowährungen immer auf dem neuesten Stand zu halten. Veraltete Software kann möglicherweise Sicherheitslücken aufweisen, die gewiefte Hacker ausnutzen können, um Ihnen zu schaden. Wie bereits erwähnt, befinden sich Kryptowährungen immer noch in den Kinderschuhen, aber es werden immer wieder neue Features und Sicherheitsmaßnahmen entwickelt, um Kryptowährungen so benutzerfreundlich und sicher wie möglich zu gestalten. Nutzen Sie also die gegebenen Möglichkeiten, um Ihr Kapital so gut wie möglich abzusichern.

Desktop Wallet verschlüsseln

Eine schon besprochene Sicherheitsmaßnahme, um Ihre *Wallet* vor einem feindlichen Angriff durch beispielsweise böswillige Hacker, zu schützen, ist die Verschlüsselung Ihrer *Bitcoin Core Wallet.* Dabei werden alle Daten bezüglich Ihrer *Wallet* über einen Algorithmus verschlüsselt und nur über das festgelegte Passwort zugänglich gemacht. Selbst, wenn Ihr Computer von einem Hacker übernommen wurde, würde er trotzdem das Passwort benötigen, um Ihre *Coins* zu transferieren. Sollten Sie Ihre Daten nicht verschlüsseln, kann ein Hacker Zugriff auf die unverschlüsselten Dateien Ihrer *Wallet* erlangen, in denen er unter anderem auch Ihren privaten Schlüssel findet.

Folgen Sie dieser einfachen Schritt-für-Schritt-Anleitung, um Ihre *Bitcoin Core Wallet* zu verschlüsseln:

1. Klicken Sie im Hauptfenster der *Wallet* oben auf den Reiter *Einstellungen* bzw. *Settings.* Im Kontextmenü klicken Sie bitte auf *Wallet verschlüsseln... / Encrypt Wallet...*

2. Daraufhin öffnet sich ein neues Dialogfeld. In diesem müssen Sie in die entsprechenden Textfelder zweimal Ihr gewünschtes Passwort

eintragen (Sollten Sie Ihre *Wallet* bereits verschlüsselt haben, haben Sie hier die Möglichkeit, ein neues Passwort festzulegen). Bei der Vergabe eines Passwortes empfiehlt es sich, eine zufällig gewählte Zeichenkette zu verwenden, anstatt ein reales Wort, Datum oder Ähnliches. Klicken Sie auf *Ok*.

3. Es wird Ihnen jetzt noch eine Warnung über die Folgen einer Verschlüsselung angezeigt. Klicken Sie auf *Ja* bzw. *Yes*. Die Verschlüsselung dauert einen Augenblick, in dieser Zeit kann es dazu kommen, dass die Wallet nicht mehr auf Ihre Eingaben reagiert.

4. Ist die Verschlüsselung erfolgreich abgeschlossen, wird Ihnen dies in einem weiteren Dialog angezeigt. Schließen Sie das neue Fenster mit einem Klick auf *Ok*.

Nachdem Sie nun Ihre *Bitcoin Core Wallet* verschlüsselt haben, können Sie auf diese nur nach Eingabe des korrekten Passwortes zugreifen. Des Weiteren erfordert jede Transaktion die Eingabe des Passwortes. Beachten Sie außerdem bitte, dass die *Bitcoin Core Wallet* verschlüsselt nur im Zuschauer-Modus verfügbar ist. Das bedeutet, dass Ihnen nur die nötigsten Informationen zur Verfügung gestellt, alle Details aber ausgeblendet werden. Auf diese können Sie nur über das Passwort zugreifen.

WEITERE WALLET ARTEN

Hardware Wallet

Wie bereits im Kapitel *Tipps zur Sicherheit* erwähnt, bieten Hardware *Wallets* eine der sichersten Alternativen, um Ihre *Coins* zu verwahren. Auf ihnen können Sie Ihren privaten Schlüssel in elektronischer Form speichern. Das Besondere an dieser Art der Verwahrung ist allerdings nicht nur die Verschlüsselung. Da Ihr privater Schlüssel immer auf dem Datenträger der *Wallet* gespeichert ist und diesen niemals verlässt, sind Sie so auch bei einer feindlichen Übernahme Ihres Computers durch böswillige Hacker oder Viren gefeit. Auch ein physischer Verlust der *Wallet* führt nicht zu einem Verlust Ihres Kapitals. Bei der Einrichtung der *Wallet* wird normalerweise ein sogenannter *Recovery Seed* angelegt, also ein *Back Up*, mit dem Sie wieder Zugriff auf Ihre *Wallet* erlangen können. Des Weiteren können Sie bei einigen *Wallets* bei der Einrichtung einen Schlüssel notieren, mit dem Sie gegebenenfalls Ihre *Wallet* wiederherstellen können.

Eine der bekanntesten und beliebtesten Hardware *Wallets* ist die *Nano-S* der Firma *Ledger.* Sie unterstützt viele Kryptowährungen, wie zum Beispiel *Bitcoin, Litecoin, Ether* usw. Ein Nachteil dieser Methode zur Aufbewahrung Ihrer *Coins* sind leider die verhältnismäßig hohen Anschaffungskosten, doch lohnt sich die Investition in Ihre Sicherheit allemal.

Paper Wallet

Eine günstige und trotzdem sichere Variante, eine *Wallet* zu lagern, ist das *Paper Wallet.* Bei dieser Methode wird ein Wiederherstellungsschlüssel auf einem Stück Papier notiert, mit dem der Benutzer bei Bedarf wieder Zugriff auf seine *Wallets* erlangen kann. Normalerweise bieten alle Arten von *Wallets* diese Art von Sicherung. So ist bei einem Diebstahl oder Verlust Ihrer digitalen Daten das Wiederherstellen Ihrer *Wallets* kein Problem.

Paper Wallets müssen unter allen Umständen an einem sicheren Ort aufbewahrt werden, da bei einem Verlust oder Diebstahl des Papiers Ihre *Wallet* unwiederbringlich verloren ist.

Um eine *Paper Wallet* selbst anzulegen, folgen Sie diesen einfachen Schritten:

1. Navigieren Sie zu der Webseite *bitaddress.org* und wählen Sie gegebenenfalls Deutsch aus der Liste der verfügbaren Sprachen, am oberen Rand der Startseite.

2. Die Webseite fordert Sie nun auf, den Mauszeiger innerhalb Ihres Browsers hin und her zu bewegen. Es werden dabei zufällige Positionen Ihrer Maus auf dem Bildschirm ausgewählt und daraus werden dann die Schlüssel für Ihre *Wallet* generiert. Sie können alternativ auch in das entsprechende Textfeld eine zufällige Zeichenkette eintragen, um Ihre Schlüssel generieren zu lassen.

3. Ist der Vorgang abgeschlossen, werden Sie zur nächsten Seite weitergeleitet, auf der Sie bereits Ihren öffentlichen und privaten Schlüssel in Form einer Phrase und eines *QR-Codes* einsehen können. Darunter befinden sich noch weitere Informationen zu Ihrer *Wallet*. Da wir allerdings eine *Paper Wallet* generieren möchten, klicken wir nun auf den Reiter *Paper Wallet* bzw. *Papier-Wallet* am oberen Rand der Seite.

4. Ihnen werden nun die ausgedruckten *Papier-Wallets* als Vorschau angezeigt. Sie haben nun die Option, den grafischen Hintergrund auszublenden und auszuwählen, wie viele Adressen Sie für Ihre *Wallet* generieren möchten. Tragen Sie die Anzahl in das entsprechende Textfeld ein und klicken Sie auf den Button *Generate* bzw. *Erstellen*

(Sie haben außerdem die Option, Ihre Schlüssel über eine BIP38-Verschlüsselung mit einem Passwort zu schützen. Allerdings haben viele Software *Wallets* nicht die Möglichkeit, passwortgeschützte Schlüssel zu importieren und diese zu verwenden. Sollten Sie Ihr Passwort vergessen, ist Ihnen auch damit der Zugriff auf Ihre *Wallet* verwehrt. Daher wird besonders Einsteigern empfohlen, ihre Adressen nicht zu verschlüsseln.).

5. Nachdem Sie Ihre Adressen entsprechend erstellt haben, klicken Sie auf den Button *Drucken.* Daraufhin sollte sich ein neues Fenster mit einer Liste verfügbarer Drucker öffnen. Wählen Sie Ihren Drucker aus und klicken Sie auf *Print* bzw. *Drucken.*

Nun können Sie Ihre Papier-*Wallet* noch mit *Coins* ausstatten, um sie zu verwenden. Dazu müssen Sie Ihre öffentliche Adresse beispielsweise in eine *Wallet App* auf dem Smartphone per *QR-Code* einscannen und dieser *Coins* senden (siehe Kapitel: *Coins senden*).

Möchten Sie *Bitcoins* ausgeben oder möchten Sie *Coins* von der *Papier-Wallet* auf Ihre *Wallet App* verschieben, scannen Sie einfach den privaten Schlüssel ein (siehe Kapitel: *Coins empfangen*).

Online Wallet

Eine weitere Möglichkeit der Aufbewahrung Ihrer *Coins* sind online gelagerte *Wallets.* Der Zugriff kann von überall erfolgen, Sie benötigen lediglich ein internetfähiges Endgerät. Das macht *Online Wallets* zu einer attraktiven Alternative zu herkömmlichen *Wallets.*

Allerdings wird Ihr privater Schlüssel dann auch von einem privaten Unternehmen verwaltet. Wie gut die Server des Unternehmens gegen Attacken von außen gesichert sind, können Sie vorher leider nicht wissen, dabei müssen Sie ganz auf die Aussagen des Unternehmens vertrauen. Ein weiteres Problem ist, dass Sie die Kontrolle über Ihre *Wallet* an eine dritte Partei weitergeben und dieser damit auch theoretisch Zugriff auf Ihr dort befindliches Kapital gewähren. Einige *Cryptocoin*-Börsen bieten neben dem Handel der verschiedenen Währungen außerdem auch *Online Wallets* an. Eine der umsatzstärksten Börsen mit dieser Funktion ist die US-amerikanische Börse *coinbase.com.*

VERBREITUNG

Der 22. Mai 2010 ging in die Geschichte der Kryptowährungen ein. An diesem Tag tauschte ein Benutzer das erste Mal *Bitcoins* gegen Sachgüter. Im Internetforum *Bitcointalk* (*bitcointalk.org*) schrieb der Entwickler *Laszlo Hanyecz* in einem Post, er würde 10.000 *Bitcoins* für zwei leckere Pizzen bezahlen, am besten zwei Große. Ganze vier Tage dauerte es, bis der Pizza-Bote *Jercos* das Angebot annahm und *Hanyecz* seine langersehnten Pizzen brachte. Heute (Stand: 2. Quartal 2020) hat ein einziger *Bitcoin* den Gegenwert von 6100 US-Dollar. 10.000 *Bitcoins* wären also demnach stolze 61.000.000 US-Dollar wert. *Jercos* trennte sich allerdings schnell wieder von seinen *Bitcoins,* die zu diesem Zeitpunkt einen Gegenwert von nur etwa 400 US-Dollar besaßen. Doch die beiden Handelspartner ärgern sich nicht über den entgangenen Gewinn, schließlich sind Währungen dazu da, gehandelt zu werden.

Seit diesem denkwürdigen Tag dauerte es nicht mehr lange, bis auch größere Händler sich über die Vorteile von Kryptowährungen bewusst wurden und sie anerkannten. Es gibt mittlerweile Millionen an Online-Shops und tausende lokale Händler, die *Bitcoin* und andere Währungen als Zahlungsmittel akzeptieren. Noch können sich die digitalen Währungen mit Finanzdienstleistern wie *Visa* oder *Mastercard* nicht messen, doch 2015 waren in die Datenbank des *OpenStreetMap*-Projektes (*openstreetmap.de*) bereits über 6.000 Geschäfte und Hotels eingetragen, die *Bitcoin* als Zahlungsmittel akzeptieren. Tendenz steigend. Nachdem 2015 auch IT-Giganten wie *Microsoft, Facebook, Reddit, Dell* und weitere dem Trend folgten, steht *Bitcoin* nichts mehr im Wege, auf der ganzen

Welt Anklang zu finden. Auch akzeptieren bereits einige wohltätige und nicht staatliche Organisationen, wie zum Beispiel *Wikileaks* (*wikileaks.org*), *Bitcoin* als Spendenform.

Der Aufbau von Kryptowährungen macht es schwer bis unmöglich, eine genaue Nutzeranzahl anzugeben. 2012 wurde sie aber anhand von geschickten Nachrichten innerhalb des Netzwerkes im *Reddit-Bitcoin-Channel* (*reddit.com/r/Bitcoin/*) auf etwa 10.000 geschätzt, 2014 war sie bereits auf über 100.000 angestiegen. Ende 2018 belief sich die Anzahl der vorhandenen *Wallets* auf über 32 Millionen. Selbstverständlich darf man bei dieser Kennzahl nicht davon ausgehen, dass jeder Nutzer nur eine *Wallet* besitzt. Dem Statistikportal *Statista* (*de.statista.com*) zufolge verdreifachten sich die getätigten Transaktionen von 2016 bis 2019 auf etwa 350.000 pro Tag. *Bitcoin* und andere Kryptowährungen erfreuen sich immer größerer Beliebtheit und verbreiten sich unaufhaltsam auf der ganzen Welt. In den nächsten Unterkapiteln werden wir uns auf die Suche nach Online- und lokalen Händlern begeben, die *Bitcoin* als Zahlungsmittel akzeptieren.

Online-Händler finden

Der einfachste und sicherste Weg, Produkte für *Bitcoin* online zu finden, ist über die Suchmaschine *spendabit.co* (Beachten Sie bitte, dass *spendabit* bisher nur auf Englisch verfügbar ist.).

Hier können Sie, ganz wie bei herkömmlichen Suchmaschinen wie *Google* oder *Bing*, einen Suchbegriff in das Textfeld eingeben und bestätigen, um die Suche zu starten. Daraufhin werden Ihnen alle Ergebnisse bzw. Produkte auf der Ergebnisseite präsentiert. Diese können Sie dann gegebenenfalls auch nach Region, Preis und Verkäufer filtern. Wenn Sie sich für ein Produkt interessieren, können Sie durch einen Klick darauf die Webseite des Anbieters aufrufen. Sollten Sie sich dazu entscheiden, das Produkt daraufhin zu kaufen, fügen Sie es Ihrem Einkaufswagen hinzu. Jetzt müssen Sie nur noch Ihre Lieferadresse und die Zahlungsart angeben, welche in diesem Fall die Bezahlung über *Bitcoin* wäre. Falls Ihre *Wallet* auf einem PC installiert ist, müssen Sie normalerweise nur einen Link anklicken, um die Transaktion zu beginnen. Sollten Sie Ihre *Wallet* über ein Smartphone benutzen, ist es normalerweise nötig, einen *QR-Code* einzuscannen. Wenn Sie Ihre *Wallet* online speichern, müssen Sie möglicherweise den Kaufbetrag manuell transferieren. Ist die Zahlung beim Händler eingetroffen, erhalten Sie eine Bestätigung per E-Mail und Ihr Kauf macht sich auf den Weg zu Ihnen.

Lokalen Händler finden

Ähnlich einfach ist es, einen Händler in Ihrer Nähe zu finden, der *Bitcoin* akzeptiert. Rufen Sie hierzu das Onlineverzeichnis *coinmap.org* auf (Beachten Sie bitte, dass *coinmap* bisher nur auf Englisch verfügbar ist.).

Hier können Sie, genau wie bei anderen Suchmaschinen, Ihre Suchanfrage über nur eine einzige Zeile ausführen lassen. Sollten Sie allerdings nicht auf der Suche nach einem bestimmten Händler sein, können Sie auch einfach über die Landkarte alle Händler in Ihrer Umgebung anzeigen lassen. Weiterhin ist es auf *coinmap* möglich, selbst Ihr eigenes Geschäft oder Unternehmen in die Datenbank einzutragen und sich somit einen Zugang zu einem völlig neuen Kundenkreis zu erschließen.

Einen bestimmten Händler suchen: Auf der Landkarte von *coinmap* klicken Sie zunächst auf die in der unteren rechten Ecke befindliche kleine Lupe. Daraufhin öffnet sich die Suchfeldleiste am rechten Bildschirmrand.

Angenommen, Sie möchten wissen, ob das Hotel *Lekkerurlaub* in Berlin *Bitcoins* als Zahlungsmittel akzeptiert.

1. Geben Sie den Begriff *Lekkerurlaub* am oberen Ende der Suchleiste in das Textfeld ein und bestätigen Sie durch einen Klick auf die Lupe oder per Enter-Taste.

2. Ihnen werden alle relevanten Ergebnisse direkt unter dem Textfeld angezeigt. Mit einem Klick auf das Suchergebnis gelangen Sie direkt zum Standort des Händlers auf der Landkarte und bekommen dort weitere Informationen wie Adresse, Telefonnummer und Webseite des Anbieters.

Kein bestimmter Händler: Sollten Sie nicht auf der Suche nach einem bestimmten Händler sein, werden Ihnen ohne Suchbegriff standardmäßig alle verfügbaren Anbieter auf der Landkarte angezeigt. Um einen größeren Bereich der Landkarte zu betrachten, nutzen Sie das -- und +-Symbol in der Mitte des rechten Bildschirmrandes. Eventuell müssen Sie vorher die Suchleiste wieder ausblenden oder Sie verwenden das Mausrad, um die Karte herein bzw. heraus zu zoomen.

Haben Sie ein interessantes Lokal oder Ähnliches in Ihrer Nähe entdeckt, zoomen Sie einfach näher heran und klicken Sie auf das zur Verfügung stehende Symbol dazu. Sollte es an einem bestimmten Ort mehr als nur einen Anbieter geben, werden diese unter einem Kreis mit der Anzahl an Anbietern an diesem Ort zusammengefasst.

Mit einem Klick auf diesen Kreis wird Ihnen die Zusammenfassung aufgeklappt und Sie können wie gewohnt weitere Informationen über die Anbieter an diesem Ort einholen.

Um verschiedene Branchen auszublenden bzw. zu filtern, klicken Sie auf das Menüleistensymbol an der linken unteren Ecke des Bildschirmrandes. In der erscheinenden Menüleiste lassen sich Branchen wie Nachtleben, Transportmittel oder Hotels durch einen einfachen Klick ein- und ausblenden.

Eigenes Unternehmen eintragen: Für das Eintragen Ihres Unternehmens in die Datenbank melden Sie sich bitte zunächst über den unteren Button *Login* in der linken Menüleiste ein. Sie können sich beispielsweise über *Facebook* oder *Google* anmelden oder Sie legen einen völlig neuen Account an. Folgen Sie dazu den nötigen Schritten auf *coinmap*. Nachdem Sie sich erfolgreich angemeldet haben, navigieren Sie auf der Landkarte einfach zu dem Standort Ihres Unternehmens. Zoomen Sie bestenfalls so nahe wie möglich an den Standort heran. Rechtsklicken Sie nun auf den Standort auf der Landkarte und wählen Sie den Menüpunkt *Add Venue* im Kontextmenü aus. Daraufhin können Sie alle relevanten Informationen wie Adresse, Telefonnummer, E-Mail usw. zu Ihrem Unternehmen eintragen. Sind Sie fertig, klicken Sie einfach auf den *Save*-Button, um die Daten zu speichern. Dann wird Ihr Eintrag von *coinmap* überprüft. Sollte die Überprüfung positiv ausfallen, wird Ihr Eintrag in die Datenbank aufgenommen und dann potenziell jedem Benutzer von *coinmap* angezeigt, der Ihren Bereich der Landkarte durchsucht.

Bitcoin Münzen

Neben der Speicherung von *Bitcoin-Wallets* auf digitalen Medien ist es auch möglich, diese in physischen Münzen zu prägen bzw. zu lagern. Im Falle der physischen *Denarium-Bitcoins* wird dabei der private Schlüssel zu einer *Wallet* unter einem manipulationssicheren Hologramm auf einer metallischen Grundlage gespeichert. Sollte das Hologramm und damit der private Schlüssel ausgelesen werden, wird es im selben Zuge zerstört und damit unbrauchbar. Der Schlüssel ist im Falle der *Denarium*-Münze als *QR-Code* und Zeichenkette unter dem Hologramm gespeichert. Nachdem Sie den Schlüssel der Münze ausgelesen haben, können Sie diesen in die Software *Bitcoins* importieren und das gespeicherte Kapital beanspruchen.

Da der Wert einer Münze immer mit dem zugrunde liegenden *Wallet* zusammenhängt und daher variabel ist, gibt es, anders als bei traditionellen Währungen, keine festen Einheiten, in der diese Münzen vertrieben werden. Normalerweise besteht eine Münze aus vergoldetem Eisen oder Kupfer und besitzt außer dem privaten Schlüssel kaum einen nennenswerten Eigenwert. Als passendes Geschenk für Kryptobegeisterte erfreuen sich die physischen Münzen allerdings immer größerer Beliebtheit. Die Preise reichen hierbei von einem niedrigen einstelligen bis hin zu einem hohen fünfstelligen Betrag. Beispielsweise bietet der Händler *Denarium* mit seiner limitierten *Gold Bar 2018* einen *Coin* aus 55 Gramm schwerem, echtem Gold an.

Physische Münzen bieten also eine weitere Möglichkeit, um in *Bitcoins* zu investieren. Ähnlich wie bei gesetzlichen Währungen führt der Wunsch der Benutzer nach einem reellen Zugang zur Währung zu einer immer weiteren Verbreitung der echten Münzen. Viele Nationen führten bereits *Bitcoin*-Automaten ein, an denen der Interessierte seine Dollar oder Euro in echte *Bitcoins* oder in *Bitcoins* aus Papier tauschen kann.

Bitcoin-ATM

Automaten, an denen man gesetzliches Geld in *Bitcoin* umwandeln kann und umgekehrt, sind auf der Welt keine Seltenheit mehr. Es existieren im Vergleich zu konventionellen Geldautomaten immer noch vergleichsweise wenige, doch mit der Anerkennung der Kryptowährungen als legitimes Zahlungsmittel steigt auch die Anzahl der Automaten weiter an. Ende 2019 belief sich die weltweite Anzahl bereits auf über 6.000. Interessant ist hierbei auch die Verteilung der Automaten. Ob es um korrupte oder nicht-korrupte, um demokratische oder kommunistische Nationen geht, über 80 Länder der Erde beherbergen bereits *Bitcoin*-Automaten.

Die Automaten werden normalerweise ähnlich wie ein herkömmlicher Geldautomat genutzt. Ein Benutzer wählt einen bestimmten Betrag aus, den er für eine Kryptowährung tauschen möchte. Die gesetzlichen Regelungen Deutschlands schreiben eine Identifizierung des Käufers vor, deshalb ist es unter Umständen möglich, dass Sie Ihren Personalausweis in die zur Verfügung stehende Kamera halten müssen, um fortzufahren. Ist die Identifizierung abgeschlossen, wird der gewählte Betrag zum aktuellen Kurs umgerechnet und von der EC- oder Kreditkarte abgebucht. Der Automat verlangt dann einen öffentlichen Schlüssel bzw. die Adresse zu Ihrer *Wallet*. Diesen können Sie über Ihr Smartphone an der Kamera des Automaten einscannen lassen. Daraufhin wird dann der gekaufte Betrag auf Ihre *Wallet* übertragen.

Alternativ ist es auch möglich, dass der Automat einen auf Papier gedruckten *QR-Code* (oder eine Münze, wenn verfügbar) auswirft. Der Code kann dann mit dem Smartphone bzw. der Kryptowährungssoftware eingescannt und der gekaufte Betrag somit beansprucht werden. Bisher wird, wie in vielen anderen Ländern, an diesen Automaten allerdings nur der Tausch in *Bitcoin* angeboten, doch kommen immer wieder neue Kryptowährungen hinzu.

Die Schweiz war im Finanzwesen schon immer ein Vorreiter in Europa und erkannte schnell die Vorteile der Kryptowährungen. Bereits Anfang 2018 setzte die Regierung eine *Blockchain-Taskforce* ein, um die Regulierung von *Initial Coin Offerings* (siehe unten) und Kryptowährungen insgesamt zu beschleunigen. Mittlerweile (Stand: 1. Quartal 2020) existieren in dem kleinen Land bereits über 2.300 *Bitcoin*-Automaten. Umgesetzt wurde diese Idee über die Schweizerische Bundesbahn. Die Ticketautomaten waren im schweizerischen Transportsystem ohnehin schon vorhanden, sie mussten nur auf- bzw. umgerüstet werden. Nun ist es in der Schweiz genauso einfach, Bahntickets zu ziehen, wie *Bitcoins* zu erwerben. Es dürfen pro Tag allerdings immer nur höchstens 500 Franken pro Person getauscht werden, dabei müssen aber mindestens 50 Franken getauscht werden. Da die Gesetzgebung außerdem die Identifikation des Käufers über seine Telefon- bzw. Handynummer verlangt, ist diese Variante leider nicht sehr anonym, doch werden bereits Überlegungen zu Automaten ohne Identifikation angestellt. Die *Bitcoin-ATMs* finden immer größeren Anklang bei der schweizerischen Bevölkerung. Zu Anfang der Pilotphase 2018 wurden die Automaten bereits von 6.000 Interessierten genutzt. Die Hälfte davon nutzt sie sogar regelmäßig und selbstverständlich kommen täglich neue Nutzer hinzu.

Aber nicht nur die Schweiz ebnet einen Weg für Kryptowährungen. Täglich werden weltweit etwa 15 *Bitcoin-ATMs* neu aufgestellt. Ganz oben auf der Liste hat die USA ihren Platz eingenommen. In den Staaten stehen heute (Anfang 2020) bereits über 5.500 *Bitcoin-ATMs* (Quelle: *coinatmradar.com*) zur Verfügung. Doch wie sieht die Situation in Deutschland aus?

Wenn es um technischen Fortschritt in der BRD geht, erscheint die Regierung hierzulande leider des Öfteren sehr träge und übervorsichtig. Die Bundesanstalt für Finanzdienstleistungsaufsicht, kurz *BaFin*, stufte *Bitcoin* in einem Merkblatt vom 20. Dezember 2011 als Rechnungseinheit und damit als Finanzinstrument ein. Im weiteren Sinne bedeutet dies vor allem große Schwierigkeiten bei dem Aufstellen von *Bitcoin*-Automaten, da der Betreiber eines *Bitcoin*-Automaten dafür Lizenzen von der *BaFin* benötigt, auf die die meisten Betreiber noch heute warten. Aber es stellt sich langsam Lockerung in den Gesetzen und Regeln der *BaFin* ein und so konnte die Anzahl der *Bitcoin*-Automaten immerhin einen Zuwachs von 7 Stück Anfang 2019 auf etwa 70 Stück Anfang 2020 verzeichnen.

Seit dem 1. Januar 2020 gelten für Finanzdienstleister und Banken neue Gesetze und Richtlinien. Um eine Lizenz für das Aufstellen von Automaten und den Handel mit Kryptowährungen zu erwerben, mussten sich diese bis zum 30. März 2020 bei der *BaFin* auf eine solche beworben haben. Sollten Händler *Bitcoin* ohne Lizenz oder Ähnliches handeln, geht die *BaFin* strikt gegen diese vor, wie das Beispiel von dem *ATM*-Betreiber *KKT UG* aus Berlin zeigt. Dieser hatte laut der *BaFin* keine Erlaubnis für den Handel mit Kryptowährungen und wurde daher aufgefordert, den Betrieb unverzüglich einzustellen. Die gesetzliche Verfolgung von lizenzlosen Händlern wird deshalb so strikt eingehalten, weil bisher keine gesetzliche Regelung für die Identifikation des Benutzers festgelegt war. Diese Regelung wird auch als *Know-Your-Customer* (deutsch: Kenne deinen Kunden) bezeichnet. Diese dient vor allem der Bekämpfung von

Geldwäsche, Wirtschaftskriminalität und Terrorismus.

Doch dies bedeutet nicht, dass Deutschland gegen Kryptowährungen und ihre Automaten arbeitet. Bis Oktober 2020 entscheidet die *BaFin* über alle gestellten Anträge. Wer eine Lizenz bekommt, ist berechtigt, *Bitcoin*-Automaten zu betreiben. Doch nicht nur private Händler und Organisationen interessieren sich immer mehr für *Bitcoin*, auch rund 40 Banken haben bereits Anträge an die *BaFin* gestellt. Seit den neuen Regelungen zu Kryptowährungen am 1. Januar 2020 dürfen diese mit Lizenz Dienstleistungen zu Kryptowährungen anbieten und diese auch selbst lagern. Daher ist ein Verbot der Kryptowährungen in Deutschland ziemlich unwahrscheinlich. Deshalb liegt ein neuer Hype um *Bitcoin* und damit ein rasanter Kursanstieg durchaus im Bereich des Möglichen. Selbstverständlich steckt der Ausbau in Deutschland noch immer in den Kinderschuhen, doch befinden wir uns auf einem guten Weg in die Zukunft.

Sollte Ihr Interesse für *Bitcoin*-Automaten geweckt sein, besuchen Sie bestenfalls die oben bereits erwähnte Suchmaschine *coinmap.org* oder *coinatmradar.com*. Dort finden Sie alle verfügbaren Automaten in Ihrer Umgebung und auf der ganzen Welt. Beachten Sie bitte, dass es genau wie in der Schweiz auch in Deutschland nur möglich ist, 500 € täglich pro Person zu tauschen.

ALLGEMEINE SICHERHEITSRICHTLINIEN

Wie oben bereits erwähnt sind Kryptowährungen so transparent wie keine andere offizielle Währung auf der Welt. Es wird nur die *Bitcoin*-Adresse Ihrer *Wallet* bei einer Transaktion benötigt. Allerdings sind Sie bei vielen Käufen dazu verpflichtet, Ihre Identität der Öffentlichkeit preiszugeben, wie zum Beispiel bei einem Kauf vor Ort. Diese Adresse kann dann mit Ihren getätigten Transaktionen und letztendlich mit Ihnen selbst in Verbindung gebracht werden. Daher gelten Kryptowährungen als nicht absolut anonym. Es gibt allerdings Wege, um Ihre

Identität und Transaktionen zu verschleiern.

Eine dieser Möglichkeiten ist die Erstellung von mehreren *Bitcoin*-Adressen bzw. öffentlichen Schlüssel. Andere Benutzer sind nicht in der Lage, Einsicht auf Ihre anderen Adressen zu nehmen und die damit zusammenhängenden Transaktionen zu verfolgen. Da diese allerdings immer noch mit Ihrer *Wallet* in Verbindung gebracht werden können, empfiehlt es sich, einfach verschiedene *Wallets* für verschiedene Zwecke anzulegen. Trennen Sie zum Beispiel *Wallets* zwischen täglichem Gebrauch und Onlineshopping, wird es damit sehr schwer bis unmöglich für andere Benutzer, Ihren kompletten Zahlungsverkehr zurückzuverfolgen und nachzuvollziehen, denn die Transaktionen zeigen nicht alle auf die gleiche *Wallet*.

Kryptowährungen bestehen aus einem gemeinschaftlich und öffentlich verwalteten Netzwerk von Benutzern, *Peer-to-Peer*-Netzwerk (*P2P-Network*) genannt. Da Sie sich für einen Datenaustausch mit anderen Benutzern verbinden müssen, ist es unter Umständen für andere Teilnehmer des Netzwerkes möglich, bei einer Transaktion Ihre IP-Adresse, also die öffentliche *Anschrift* Ihres Computers, einzufangen. Auch für dieses Problem existieren Werkzeuge, um Ihre IP-Adresse im Internet zu verschleiern. Ein Beispiel hierfür wäre der extrem sichere *Tor-Browser*. Dieser leitet Ihre digitalen Anfragen über viele verschiedene Knotenpunkte an den Zielserver und verschleiert so Ihre tatsächliche Herkunft. Ähnlich arbeiten sogenannte Proxy-Server, die Ihre Adresse hinter der eigenen verstecken.

Da das System der Kryptowährungen so transparent ist, wird empfohlen, Ihren öffentlichen Schlüssel bzw. Ihre *Bitcoin*-Adresse nicht im Internet preiszugeben. Sollten Sie Teil einer Organisation oder eines Unternehmens sein und daher gezwungen sein, Ihre *Bitcoin*-Adresse öffentlich zu machen, seien Sie sich jederzeit darüber bewusst, dass Transaktionen, auch ausgehende, von jedem Benutzer nachverfolgt werden können. Mittlerweile werden von Händlern und Dienstleistern auch sogenannte *Mixing Services* zur Verfügung gestellt. Bei einer Transaktion im Rahmen eines *Mixing Service* wird das Geld einer Transaktion über mehrere Knotenpunkte bzw. *Wallets* immer wieder hin und her geschickt, um den Ursprung der Transaktion zu verwischen. Da, wie oben bereits beschrieben, eine Rückbuchung des gesendeten Geldes nicht möglich ist, muss bei dieser Art von Service ein großes Vertrauen zwischen den Handelspartnern existieren.

HANDEL

Das Prinzip des Handels mit digitalen Währungen ist grundlegend simpel: Der Benutzer tauscht beispielsweise seine gesetzliche Währung in *Bitcoins* und hofft dann darauf, dass sich der Wert des *Bitcoins* in Zukunft erhöht. Später tauscht er sie wieder für einen höheren Kurs gegen eine gesetzliche Währung ein und profitiert dabei. Diese Art von Handel ist leider nicht für jeden geeignet. Zum Beispiel könnte das vorhandene Kapital nicht ausreichen, um genügend Risiko in Kauf nehmen zu können. Welche Möglichkeiten zu Handeln gibt es am Markt also noch?

Ob Sie nur von kleinen Kursschwankungen oder vom andauernden Trend profitieren möchten, mittlerweile bietet der Markt viele Optionen, am Handel teilzunehmen. Wir werfen in diesem Kapitel einen Blick auf die wichtigsten Möglichkeiten, um Ihnen eine stabile Grundlage für tiefgreifenderes Wissen zu bieten.

Cryptocoin Börsen

Falls Sie Kryptowährungen ohne Umwege direkt handeln möchten, ist der Weg an eine *Cryptocoin* Börse unvermeidbar. Genau wie für klassische Finanzinstrumente existieren auch für Kryptowährungen Marktplätze, auf denen täglich mit verschiedensten Arten spekuliert wird. Doch anders als bei den traditionellen Börsen existieren *Cryptocoin* Börsen nur rein digital. Mittlerweile (Stand 1. Quartal 2020) gibt es über 90 verschiedene *Cryptocoin* Börsen (Quelle: *coinmarketcap.com*) und es kommen immer weitere hinzu. Die liquideste Börse ist mit 70 Millionen US-Dollar *Bitfinex*.

Über *Cryptocoin* Börsen werden normalerweise ausschließlich die reinen Kryptowährungen gehandelt. Diese werden über den Marktplatz entweder in gesetzliches Geld oder in andere Kryptowährungen getauscht, in der Hoffnung, Profit zu machen. Um am Geschehen teilzuhaben, müssen Sie sich lediglich an einer der *Cryptocoin* Börsen mit einer gültigen E-Mail-Adresse anmelden und Ihr Konto mit einer Einzahlung aufladen. Normalerweise stellen die Anbieter der Börsen, mit einigen Ausnahmen, keine eigene *Wallet* zur Verfügung, auf der Sie Ihre Kryptowährung lagern können, deshalb benötigen Sie bei den meisten *Cryptocoin* Börsen eine eigene *Wallet*.

Die Unterschiede der Börsen besteht einzig und allein in ihrer Liquidität und in der Anzahl der zu handelbaren Kryptowährungen. Manche Börsen bieten lediglich die bereits etablierten Währungen an, wohingegen bei anderen weit über 10 Kryptowährungen gehandelt werden.

Im Kapitel *Erwerb* finden Sie eine Anleitung, die Sie durch den Registrierungsprozess einer *Cryptocoin* Börse und den Ablauf eines Kaufes führt.

ICOs

Initial Coin Offering oder *Initial Public Coin Offering*, öfter auch unter dem Begriff *Token-Sale* beworben, sind öffentliche Kapitalerhebungsmethoden für Unternehmen. Dieses System kann man sich in etwa wie den ersten öffentlichen Gang eines Unternehmens an die Börse vorstellen. Im Falle der Börse wird dieser Vorgang *Initial Public Offering* (*IPO*) genannt. Sie haben möglicherweise schon einmal von großen *Tech-IPOs* wie *Facebook* oder *Instagram* gehört oder gelesen. Normalerweise sind *ICOs* im Gegensatz zu *IPOs* unreguliert, sie werden also nicht von einer Finanzaufsichtsbehörde beaufsichtigt.

ICOs bzw. *Token-Sales* werden für die Kapitalerhebung eines Unternehmens benötigt. Damit umgehen Kryptowährungen die Kapitalerhebung durch Dritte, indem sie sich kein Kapital von Banken oder Investoren leihen müssen. Die Investoren sind hierbei gleichzeitig die Nutzer bzw. Interessenten des Systems. Die Anleger oder Benutzer erhalten alle gleichermaßen die Chance, staatliche Währungen wie den Euro oder US-Dollar gegen die Kryptowährung zu tauschen und damit ihren Glauben in das System auszudrücken. Man fasst diese Art von Kapitalerhebung auch unter dem Begriff *Crowdfunding* zusammen, also ein

Zusammenschluss von Nutzern, die gemeinsam ein Interesse an dem vorgestellten Produkt bekunden und es mit finanziellen Mitteln unterstützen.

Die erste deutsche *ICO* wurde am 2. Oktober 2017 durch das deutsche Start-Up bzw. die Krypto-Shopping-Plattform *Wysker* initialisiert. Die *Token* der Plattform, genannt *Wys-Token*, konnten während der *ICO* erworben werden. Sie waren der Kern des Shopping-Systems. Sie konnten auch durch zum Beispiel Produktbewertungen auf der Plattform oder durch Angabe von Interessen verdient werden. Mit ihnen konnte der Besitzer Rabatte einholen oder Waren erwerben. Aber auch Händler konnten die Token nutzen, um ihre Produkte besser zu platzieren. Leider blieb das Interesse der Investoren aus. Nur rund 30 % des geplanten Kapitals konnten eingenommen werden.

Eigentlich ist die Kapitalerhebung durch *ICOs* oder Crowdfunding ein interessanter Gedanke, doch da es genügend *ICOs* mit betrügerischer Absicht gab, schalteten sich Finanzaufsichtsbehörden wie die deutsche *Bundesanstalt für Finanzdienstleistungsaufsicht* (*BaFin*) oder die US-amerikanische *Security and Exchange Comission* (*SEC*) ein. Die *BaFin* warnt vor erheblichen Risiken bei einer Teilnahme an einem *ICO* bzw. *Token-Kauf*, da diese hochspekulativ seien und einen Totalverlust des Investments durch hohe Preisschwankungen nach sich ziehen könnte. Ein weiteres Problem liegt darin, dass bei einer schlechten Investition ebendiese wahrscheinlich nicht wieder in eine andere Währung getauscht werden kann, da kein Zweitmarkt existiert, auf dem die Token bzw. Coins gehandelt werden. Des Weiteren befinden sich die Unternehmen bzw. das System der *ICOs* meistens noch in den Kinderschuhen, das heißt, ihr Geschäftsmodell ist bei Weitem noch nicht erprobt.

Falls Sie an einer *ICO* teilnehmen, achten Sie besonders auf die im zugehörigen *White-Paper* veröffentlichten Geschäftsbedingungen und das Modell, welches dahinter steckt. Sollten diese undurchsichtig und nicht nachvollziehbar sein, lassen Sie besser die Finger von diesem Angebot.

BROKER KONTEN

Unter einem *Broker* versteht man heutzutage den Mittelsmann zwischen Börse und Händler. Seine Aufgabe ist es, alle Aufträge des Händlers an die Börse weiterzuleiten und abzuwickeln. Der *Broker* erhebt dafür normalerweise eine Gebühr auf jede Transaktion, die zwischen Händler und Börse ausgeführt wird. Ein *Broker*-Konto ermöglicht Ihnen vor allem den Handel von Finanzinstrumenten auf Kryptowährungen, die an den *Cryptocoin* Börsen nicht vorhanden sind. Über die wichtigsten Instrumente gebe ich Ihnen in diesem Kapitel Aufschluss. Seien Sie sich darüber im Klaren, dass der unüberlegte Handel solcher Instrumente mit erheblichen Verlusten verbunden sein kann. Konsultieren Sie vor etwaigen Investitionen bestenfalls einen Experten, um sich umfangreich über dieses Thema zu informieren.

Futures

Schon seit 1864 wird dieses Finanzinstrument an den klassischen Börsen gehandelt. *Future*-Kontrakte sind Termingeschäfte und dienen ursprünglich dem Absichern von zukünftigen Preisschwankungen. Zu einem Preis werden Produkte in der Zukunft gekauft. Stellen Sie sich einen Bäcker vor, der Mehl für seine Bäckerei erwerben möchte. Er kann nicht wissen, ob der Preis des Mehls im nächsten Jahr nicht schlagartig ansteigt. Dies könnte zum Beispiel durch Unwetterschäden am Getreide verursacht werden. Er beschließt also, sich durch ein Termingeschäft abzusichern. Er vereinbart schon heute für nächstes Jahr einen festen Preis, zu dem er dem Verkäufer eine bestimmte Menge Mehl abnimmt. Sollten sich die Befürchtungen des Bäckers bewahrheiten und die Mehlpreise in die Höhe schießen, kann er erleichtert aufatmen, denn er hatte bereits letztes Jahr Mehl zu einem niedrigeren Preis gekauft, welches ihm jetzt geliefert wird. Das backen kann weitergehen.

Anhand des Beispiels ist ersichtlich, dass diese Art von Termingeschäft auf so gut wie alles angewendet werden kann. Aktuell können Sie an den großen Börsen der Welt Termingeschäfte auf Produkte wie Tabak, Soja, Weizen, Gold, Öl, Schweinebäuche, Orangensaft und vieles mehr abschließen. Mittlerweile sind aber auch Futures auf Aktien und Aktienindizes, wie den *Deutschen Aktien Index (DAX)* oder den *S&P-500* Aktienindex der US-Amerikaner, erhältlich.

Der Käufer eines Termingeschäftes ist allerdings nicht gezwungen, den Kontrakt bis zum Lieferzeitpunkt zu halten. Er kann ihn vorher gegebenenfalls für Profit durch gestiegenen Wert wieder an jemand anderen verkaufen. Der Großteil der *Futurehändler* hält seinen Kontrakt allerdings kaum länger als einen Tag, öfters sogar weniger als eine Stunde. Sie versuchen, nur von den reinen Preisschwankungen des Kontrakts zu profitieren. Dabei ist es sogar möglich, durch Leerverkäufe an fallenden Kursen zu verdienen, was einen großen Vorteil mit dem Handel von *Futures* gegenüber herkömmlichen Methoden bietet.

Das immer größer werdende Interesse der Öffentlichkeit und der Händler an Kryptowährungen brachte die großen Börsen dazu, *Futures* für Kryptowährungen mit in ihr Repertoire aufzunehmen. Seit Dezember 2017 können an der *Chicago Mercantile Exchange (CME) Future*-Kontrakte auf *Bitcoins* gehandelt werden.

Aber auch unabhängige Börsen bzw. *Broker* (Zwischenhändler oder *Marketmaker*) bieten den Handel mit Termingeschäften auf Kryptowährungen an. Zwei Beispiele hierfür sind *Bexplus* und *BitMEX*. Spekulationen bei *Brokern* wie diesen bieten den Vorteil von hoher Hebelwirkung bei kleinem eingesetzten Kapital und keine zeitliche Begrenzung bei Terminkontrakten. Das Halten eines Kontrakts über mehr als einen Tag wird hierbei allerdings nicht empfohlen, da dies erheblich höhere Transaktionsgebühren nach sich ziehen kann.

Sie sollten sich aber auch bei dieser Art von Investition darüber im Klaren sein, dass die Kurse starken Schwankungen unterlegen sind und dass bei leichtsinnigem Handel durchaus auch mit hohen Verlusten bis hin zur Kapitalerschöpfung und darüber hinaus gerechnet werden muss.

Options

Optionen sind auch als bedingte Termingeschäfte bekannt und werden ebenfalls an den Börsen der Welt gehandelt. Wie bei *Futures* können Optionen auf jeglicher Art von Grundwert basieren. Es werden Optionen auf Rohstoffe, Aktienwerte, Indizes und Devisen gehandelt. Selbstverständlich wurden bereits Optionen mit Kryptowährungen als Basiswert dem Arsenal der Börsen hinzugefügt.

Anders als bei *Futures* besteht kein rechtlich verpflichtender Liefertermin für den Basiswert der Optionen. Das heißt, Sie verpflichten sich bei einem Kauf einer Option nur, diese später für den Basiswert wieder abzustoßen, dabei spielt es keine Rolle, ob der Wert gestiegen oder gefallen ist. Sollte nun der Basiswert bis zum Ende der Laufzeit im Preis steigen, entsteht ein Profit für den Käufer. Er sichert sich also vorzeitig das Recht, den Basiswert nach Ablauf der Option zu verkaufen. Daher der Name dieser Kontrakte. Da neben Käufer-Optionen auch Verkäufer-Optionen angeboten werden, können Sie, ähnlich wie bei den *Futures*, auch auf fallende Kurse spekulieren und davon profitieren.

Wie bei den *Futures* dient dieses Finanzinstrument der Absicherung gegen zukünftige unvorhersehbare Preisschwankungen, doch werden Optionen oft auch nur für die reinen Kursschwankungen gehandelt. Seien Sie sich auch hier bewusst, dass der Handel mit Optionen sowie *Futures* mit erheblichen Risiken verbunden ist und nicht leichtfertig angegangen werden sollte.

CFDs

Contracts For Difference, übersetzt Differenzkontrakte, gehören zur Kategorie der Derivate. Sie werden außerbörslich, das heißt, nur von sogenannten *Marketmakern* oder *CFD-Brokern*, gehandelt. Der Kurs eines *CFDs* basiert immer auf einem bestimmten Basiswert. Das kann bei diesen Kontrakten, wie bei *Futures* und *Options*, so gut wie alles sein (Kaffee, Öl, Aktien, etc.).

Ein großer Unterschied zu beispielsweise Aktien liegt darin, dass kein Besitz am Unternehmen durch den Erwerb von *CFDs* entsteht. Sie können zwar über den Basiswert am Kursgewinn bzw. -verlust teilhaben, einen Anteil an dem zugrunde liegenden Wert besitzen Sie allerdings nicht.

Seit 2018 unterliegen *CFDs* einer stärkeren Regulierung durch die Finanzaufsichtsbehörden. Dies liegt vor allem an den privaten Anlegern, die unüberlegt in den Handel eingestiegen sind und erhebliche Verluste erlitten haben. Private Anleger konnten sogar durch die hohe Hebelwirkung beim *CFD*-Handel mehr als ihr eingesetztes Kapital verlieren. Vor der Regulierung konnten *CFDs* mit extrem hoher Hebelwirkung gehandelt werden und das funktioniert in etwa so: Ein *CFD-Broker*, also ein Anbieter dieser Finanzprodukte, leiht dem Händler dabei sozusagen den zu entrichtenden Betrag, um das Finanzprodukt zu erwerben. Der Händler muss dabei eine Sicherheitsleistung, die sogenannte *Margin*, beim *Broker* hinterlegen. Rutscht die Position eines Händlers soweit in den Verlust, dass die Sicherheitsleistung nicht mehr ausreicht, um die Position zu decken, wird diese liquidiert und die Sicherheitsleistung wird einbehalten. Der Vorteil der Hebelwirkung wird offensichtlich: Es können so bei kleinen Preisschwankungen mit viel größeren Positionen, als normalerweise möglich ist, gehandelt werden. Dieser Umstand zieht bei einer kleinen Investition enorme Gewinne, aber auch hohe Verluste nach sich. Seit der Entscheidung der Europäischen Wertpapier- und Marktaufsichtsbehörde vom 1. August 2018 sind diese hohen Hebel, mit Ausnahme für professionelle Händler, nicht mehr erlaubt.

Die verschiedenen Kategorien der Finanzprodukte sind mittlerweile alle mit einem eigenen Hebel ausgestattet, welcher anhand der Volatilität des zugrunde liegenden Kurses gewählt wurden. Das bedeutet: Je extremer die Kursschwankungen von einem Instrument sind, desto kleiner wird auch der Hebel gewählt werden. Den größten Hebel besitzen immer noch die beliebten Devisenpaare, wie zum Beispiel

EUR/USD, mit 1:30. Das Schlusslicht der Liste bilden die Kryptowährungen mit einem Hebel von nur 1:2.

Doch bietet die Regulierung nicht nur den Nachteil von kleineren Hebeln. Es ist dem Broker beispielsweise nach dem Bescheid verboten worden, selbst darüber zu entscheiden, die Position eines Händlers zu schließen, falls diese zu viel Verlust verursacht. Dem Broker war es so möglich, dem Händler über sein Kapital hinaus Schulden zu verursachen und diese daraufhin einzufordern.

All diese Regulierungsmaßnahmen sollen den Behörden zufolge die Sicherheit des privaten Anlegers gewährleisten oder diese im besten Fall erhöhen. Doch sind die Vorteile von *CFDs* auch heute noch nicht von der Hand zu weisen. Durch das System der Sicherheitsleistung bzw. *Margin* lassen sich sogar auch relativ kleine Handelskonten von nur einigen hundert Euros handeln. Es ist Ihnen sogar möglich, um Centbeträge zu handeln, falls Sie das möchten. Sie brauchen durch *CFDs* nicht den zugrunde liegenden Wert eines Finanzproduktes erwerben. Das heißt, damit ist es möglich, auch mit winzigen Investitionen an Aktienkursen, aber auch an Kryptowährungen mit hohem Kurs mitzuwirken. Zur Veranschaulichung: Ein Differenzkontrakt auf den Basiswert einer *Amazon*-Aktie könnte Sie nur einige Euro kosten. Um die Aktie selbst zu erwerben, müssten Sie an der Börse für eine Aktie viele hunderte Euro investieren.

Der Handel mit *CFDs* birgt also Vor- und Nachteile. Informieren Sie sich in jedem Fall vor der Teilnahme am Markt genügend über alle verfügbaren Möglichkeiten und Risiken.

STEUERN

2013 wurde Bitcoin als einzige Kryptowährung von der Bundesregierung offiziell anerkannt. Die Beteiligten müssen hierbei die Währung gemeinschaftlich akzeptiert haben und dürfen sie ausschließlich für den Zweck eines Zahlungsmittels verwenden.

Digitales Geld oder Kryptowährungen werden nicht als gesetzliches Zahlungsmittel, sondern als privates Zahlungsmittel angesehen, da die Benutzer der Währung diese selbst durch Mining schöpfen und die maximale Geldmenge bei digitalen Währungen begrenzt ist.

Es wurde von der Bundesregierung daraufhin entschieden, dass Gewinne durch den reinen Tausch von Bitcoins in gesetzliche Währungen innerhalb eines Jahres bis zu einer Freigrenze von 600.- € steuerfrei sind (die sog. Spekulationsfrist). Würden Sie also 100 Bitcoins für 1,- € gekauft haben und diese weniger als zwölf Monate halten, bis sie einen Gegenwert von 6,- € überschreiten und diese dann wiederum für einen Gewinn von 500,- € veräußern, so müssten Sie keine Steuern auf diesen Gewinn zahlen. Liegt der Gewinn innerhalb dieser Frist nur einen Cent über 600,- €, wären Sie verpflichtet, die vollen Steuern zu entrichten. (Achten Sie darauf, dass sich diese Freigrenze auf alle Gewinne aus Spekulationsgeschäften bezieht und nicht nur auf Gewinne mit dem Handel von Kryptowährungen.)

Sollten Sie Ihre Position länger als zwölf Monate halten, müssen Sie glücklicherweise keine Steuern auf Ihren Gewinn entrichten, auch wenn dieser über 600,- € liegt.

Des Weiteren fragte sich das Finanzministerium, inwiefern die Umsatzsteuer auf Kryptowährungen anzuwenden sei. Allgemein gesprochen fällt für private Nutzer beim Tausch von anerkannten digitalen Währungen in staatlich anerkannte Währungen keine Umsatzsteuer an. Anders sieht es selbstverständlich bei professionellen bzw. gewerblichen Händlern aus.

In einem Gerichtsurteil vom Europäischen Gerichtshof (EuGH) am 22. Oktober 2015 wurde entschieden, dass virtuelle bzw. Kryptowährungen, wie zum Beispiel Bitcoin, mit gesetzlichen Währungen gleichzustellen sind. Das Gericht begründet dies mit der Tatsache, dass ein Umtausch von Bitcoins in gesetzliche Währungen als Dienstleistung gilt und daher nicht umsatzsteuerpflichtig ist.

Auch die Miner bleiben von Steuern verschont: Der EuGH sieht die Arbeit der Miner als essenziell für den Fortbestand des Systems. Die Transaktionsgebühren werden in unterschiedlichen Höhen von den Benutzern freiwillig entrichtet und stehen nicht im Zusammenhang mit den Leistungen der Miner selbst. Daher seien diese Vorgänge nicht besteuerbar.

Das Gericht entscheidet weiter, dass auch Entlohnungen durch das System selbst, wie neu emittierte Bitcoins, nicht als Entgelt für die Arbeitsleistung gesehen werden kann. Die Miner erbringen ihre Arbeit nicht im Rahmen eines sogenannten Leistungsaustauschverhältnisses. Dabei muss es für die erbrachte Leistung auch einen identifizierbaren Leistungsempfänger geben. Das Modell der Kryptowährungen erlaubt hierbei also auch keine steuerliche Anwendung.

Dienstleistungen, wie die Gebühren für Wallets oder der Handel von Bitcoin auf Online-Plattformen, sind nach dem Urteil des EuGH dagegen umsatzsteuerpflichtig. Interessanterweise wird der Umtausch von gesetzlichen Zahlungsmitteln in virtuelles Spielgeld, beispielsweise bei Online-Spielen, nicht steuerbefreit, da es von den Benutzern nicht als allgemeines Zahlungsmittel akzeptiert ist.

Informieren Sie sich in jedem Fall bei Ihrer zuständigen Steuerbehörde über etwaige Beträge, die auf Gewinne oder Ähnliches zu entrichten sind.

Technischer Hintergrund

Die Arbeitsweise von Kryptowährungen sind, besonders für Personen ohne Hintergrund in der IT-Branche, schwer nachzuvollziehen, doch kann es durchaus hilfreich sein, sich mit den essenziellen Konzepten vertraut zu machen. In diesem Kapitel nehmen wir die besprochenen Konzepte und wenden sie auf einen konkreten technischen Hintergrund an.

BLOCKCHAIN

Die Blockkette bzw. *Blockchain* ist das Buchhaltungssystem der Kryptowährungen. Ihr Vertrauen basiert auf erbrachter Rechenleistung (siehe Kapitel: *Proof of Work*). Ohne diese Art von Buchhaltung würde eine digitale Währung lediglich aus einem *Peer-to-Peer*-Netzwerk (*P2P-Network*) bestehen, in dem durch Kryptographie signierte Transaktionen hin und her geschickt werden.

Die *Blockchain* ermöglicht aber eine manipulationssichere Buchhaltung, da jeder neue Block mit einem Wert versehen ist, der ihn unabdingbar mit seinem vorherigen Block verknüpft (siehe Kapitel: *Hashing*). Dies macht eine Veränderung oder gar Löschung historischer Daten unmöglich. Jeder Block in der Kette würde als ungültig angesehen werden. Diese Herangehensweise hat zur Folge, dass sich die Benutzer gegenseitig Vertrauen können, ohne sich auf irgendeine Weise zu kennen.

Um all diese Eigenschaften erfüllen zu können, wurden bei der Entwicklung von *Bitcoin* drei Technologien vereint. Die einzelnen Technologien existierten schon vor Kryptowährungen, doch die Kombination dieser erlaubte es erst, die Idee umzusetzen.

Private und öffentliche Schlüssel

Die erste der drei Komponenten der *Blockchain* sind die privaten und öffentlichen Schlüssel. Mit diesen beiden Schlüsseln wird in

Kryptowährungen sichergestellt, dass Sie auch wirklich der Benutzer sind, der Sie vorgeben, zu sein. Sie können also Ihre Identität beweisen, sich authentifizieren. Neben der Authentifikation bieten Schlüssel außerdem den Vorteil, dass ein Benutzer nicht mehr Informationen über sich preisgeben muss, als normalerweise nötig. Um zu beweisen, dass der Benutzer im Besitz einer *Wallet* oder von *Coins* ist, braucht er weder seinen Namen noch persönliche Informationen anderer Art angeben. Er benötigt lediglich seinen privaten Schlüssel. Einem böswilligen Hacker wird somit ein Angriffsvektor genommen.

Peer-to-Peer-Netzwerk

Mit den Schlüsseln können sich die Benutzer also authentifizieren, doch wie sollen sie beweisen, dass sie beispielsweise über genügend Kapital verfügen, um eine Transaktion durchzuführen? Um Transaktionen sicher zu autorisieren, wurde ein P2P-Netzwerk als Grundlage herangezogen, bei dem alle Benutzer eine Transaktion über die Regeln des Netzwerks (*Blockchain-Protokoll*) autorisieren können. Da in einem *P2P*-Netzwerk allen Teilnehmern die gleichen Informationen zur Verfügung stehen und sie damit arbeiten, ist diese Art von Netzwerken außerdem gegen den sogenannten *Single Point of Failure* (Ein Individuum oder Unternehmen kann das gesamte Netzwerk nicht in den Abgrund reißen) geschützt.

Blockchain-Protokoll

Das *Blockchain*-Protokoll gibt die Regeln vor, in deren Rahmen eine Transaktion authentifiziert und autorisiert wird. Alle Benutzer des Netzwerks müssen sich an dieses Protokoll halten, ansonsten werden sie von der Teilnahme ausgeschlossen. Um eine Transaktion zwischen zwei Benutzern auszuführen, muss der erste Benutzer über seinen privaten Schlüssel Informationen an den zweiten Benutzer senden. Diese Informationen werden dann in einen Block aufgenommen, welcher wiederum an alle anderen Benutzer des Netzwerks für die Autorisierung gesendet werden.

Die Kombination dieser drei Technologien macht die *Blockchain* zu einem so außerordentlich nützlichen Konzept. Selbst große IT-Unternehmen und Banken versuchen bereits, das Konzept der *Blockchain* in ihre Projekte zu integrieren. Erfahren Sie in den nächsten Kapiteln mehr über die einzelnen Komponenten der *Blockchain*.

BLOCK

Bei *Bitcoin* und vielen anderen Kryptowährungen gehört ein Block zur zentralen Datenstruktur des gesamten Systems. In ihm werden Transaktionen innerhalb eines Netzwerks gespeichert, die vorher noch nicht in anderen Blöcken gespeichert wurden. Diese werden dann im *Mining*-Prozess legitimiert (siehe Kapitel: *Mining*). Sie können sich unter einem Block eine einzelne Seite aus einem Kassenbuch in Geschäften oder die eines Orderbuches an der Börse vorstellen. Die einzelnen Blöcke werden immer dem Ende der Blockkette hinzugefügt. Diese können dann nicht mehr geändert oder gar entfernt werden.

Der Datensatz eines Blocks besteht bei *Bitcoin* beispielsweise aus mehreren Feldern:

1. Der Ein fixer Wert (immer *0xD9B4BEF9*)
2. Die Größe des Blocks (Zahl der Bytes bis zum Ende des Blocks)
3. *Block Header* (besteht aus drei Datenpaaren bzw. sechs Datensätzen, siehe unten)
4. Transaktionszähler
5. Transaktionen (so viele Transaktionen, wie der Transaktionszähler angibt)

Block Header wird für die Identifizierung einzelner Blöcke innerhalb der Blockkette genutzt. In ihm können so wichtige Daten zur Bearbeitung des Blocks schnell und einfach gespeichert werden. Der *Block Header* selbst besteht zusätzlich aus drei Datenpaaren, die insgesamt 80 Bytes umfassen. Diese Datensätze sind essenziell für die Arbeitsweise der Blocks.

Der erste Teil des Headers enthält die Versionsnummer der verwendeten Software. Mit der Versionsnummer lassen sich Updates oder Änderungen des Netzwerk-Protokolls im Laufe der Blockkette nachverfolgen. Nach der Versionsnummer lässt sich im *Header* auch der 32-Byte große *Hash*-Wert des Vorgängerblocks finden. Eine Veränderung dieses Wertes würde die ganze Blockkette für ungültig erklären. Dies ist eines der Merkmale von Kryptowährungen, welches sie so sicher macht. Nach dem Vorgänger-*Hash* kommt die ebenfalls 32-Byte lange sogenannte *Merkle* Wurzel (engl.: *Merkle Root*). Die *Merkle Root* ist ein Wert, der aus allen *Hashes* der Transaktionen innerhalb des Blocks errechnet wird. Dies bedeutet einfach ausgedrückt, dass die vorhandenen *Hashes* der Transaktionen erneut gehasht werden.

Die *Merkle Root* fasst also quasi alle Transaktionshashes zu einem einzigen zusammen. Ihm folgt ein 4-Byte langer Zeitstempel, der normalerweise, neben dem Datum, in Sekunden angegeben wird. Der Zeitstempel ist nützlich, um allen Benutzern, die an diesem Block arbeiten, anzuzeigen, wann ein bestimmtes Ereignis innerhalb des Blocks aufgetreten ist. Danach ist im *Header* der 4-Byte lange Schwierigkeitsgrad der Kryptowährung enthalten. Dieser gibt an, wie schwer es für einen Benutzer ist, den Block zu legitimieren (siehe Kapitel: *Mining / Hashing*). Als Letztes findet sich im Header die 4-Byte große *Nonce*. Die *Nonce* wird von *Minern* verwendet, um einen korrekten *Hash* zu einer Transaktion zu finden. Durch sie können *Miner Hashes* immer weiter iterieren, ohne dabei die zugrunde liegenden Datensätze zu manipulieren (siehe Kapitel: *Nonce*).

Im Blockkörper (engl.: *Block Body*), dem *Block Header* folgend, werden alle Transaktionen gespeichert. Doch auch, wenn man sich den Block als eine Seite eines Kassenbuches vorstellt, werden sie nicht in Form einer Liste abgespeichert. Die Transaktionen werden vielmehr im sogenannten *Merkle-Baum* (engl.: *Merkle Tree*) gespeichert. Der *Merkle Tree* ist eine sichere Methode, um viele Informationen unter einem einzigen Wert zusammenzuführen (siehe Kapitel: *Merkle Tree*).

HASHING

Eines der wichtigsten Verfahren, um die Arbeitsweise von Kryptowährungen zu verstehen, ist das sogenannte *Hashing*. Als *Hashing* wird ein Algorithmus bezeichnet, der einen beliebig langen digitalen Datensatz verwendet, um daraus einen Wert bzw. eine Kette von Zufallszahlen zu berechnen, die eine vorgeschriebene Länge besitzt. In Kryptowährungen, wie zum Beispiel *Bitcoin*, kommt das *Hashing* bei der Erstellung neuer Währungseinheiten zum Einsatz. Die beliebtesten *Hash*-Algorithmen sind *MD5*, *SHA-1* und *SHA-256*. Das *Bitcoin*-Netzwerk verwendet *SHA-256*, welches sehr lange Werte ausgibt, um mögliche Kollisionen, also das Errechnen eines gleichen Ergebnisses bei verschiedenen Datensätzen, zu vermeiden. Ein möglicher *Hash*-Wert des *SHA-256*-Algorithmus könnte beispielsweise so aussehen: *ef82543aa609005979caf3f8db3280329ebed19368d03f7dbb5fda463ee7 5c26*. Zur Veranschaulichung verwenden wir in diesem Beispiel einen kürzeren *Hash*-Wert, wie er etwa bei dem Algorithmus *CRC32* vorkommt. Auf der Webseite *fileformat.info/tool/hash.htm* können Sie einen Klartext in einen *Hash*-Wert umwandeln lassen. Geben wir hier den Text *Hallo* in das entsprechende Feld ein, errechnet uns der *CRC32*-Algorithmus dieses Ergebnis: *78b31ed5*. Ändern wir die Eingabe von Hallo auf *Hallo an alle*, wird uns dieses Ergebnis errechnet: *588dfd20*. Sie sehen also, dass es keine Rolle spielt, wie lange die Eingabe ist, das Ergebnis besteht immer aus acht Stellen. Sollte die Eingabe des Weiteren nur geringfügig verändert werden, ändert sich auch das komplette Ergebnis. Das bedeutet vor allem, dass sich der Benutzer bei einem anderen Ergebnis absolut sicher sein kann, dass die Eingabe manipuliert wurde, allerdings weiß er anhand des Ergebnisses nicht, was genau am Datensatz verändert wurde. Doch dies reicht für eine Sicherheitsprüfung aus. Ein *Hash* wird oft auch synonym zu einem digitalen Fingerabdruck genannt, da es nahezu unmöglich ist, bei zwei verschiedenen Ausgangswerten dasselbe Ergebnis zu erreichen. *Hash*-Werte sind also alle einzigartig. So können, genau wie bei Fingerabdrücken, *Hash*-Werte eindeutig dem zugrunde liegenden Datensatz zugeordnet werden. Aus dem *Hash*-Wert lässt sich allerdings nicht die ursprüngliche Eingabe reproduzieren. Will ein Benutzer nun beispielsweise überprüfen, ob ein beliebiger Datensatz unverändert ist, seitdem ein *Hash*-Wert dafür errechnet wurde, wendet er denselben Algorithmus darauf an und vergleicht die Ausgabe mit dem vorhandenen *Hash*-Wert. Ist es dasselbe Ergebnis, kann sich der Benutzer sicher sein, dass der Datensatz nicht verändert wurde.

PROOF OF WORK

Der Arbeitsnachweis innerhalb eines *Cryptocoin*-Netzwerkes ist ein Mechanismus, um einen gemeinsamen Konsens zu erreichen, unter dem sich alle Teilnehmer des Netzwerkes auf eine identische Version der *Blockchain* einigen können. Der Aufbau des *Proof of Work* macht es leicht möglich, die Ergebnisse einer Berechnung auf ihre Gültigkeit zu überprüfen, ohne dabei den Rechenaufwand erneut durchzuführen. Außerdem bleiben in diesem Prozess die zugrunde liegenden Daten unberührt.

Das Konzept des *Proof of Work* wurde bereits 1997 von *Adam Black* unter dem Titel *Hashcash* veröffentlicht. Er hatte die Idee, E-Mail-Spam über das Erbringen eines Arbeitsnachweises zu verringern. Demnach sollten Absender einer E-Mail eine kleine Rechenleistung erbringen, bevor sie die E-Mail auch wirklich abschicken konnten. Der Empfänger der E-Mail überprüft daraufhin, ob genügend Rechenleistung vom Absender erbracht wurde, und akzeptiert erst dann die gesendete E-Mail. Der Arbeitsnachweis muss dabei nicht einmal sehr groß ausfallen. Einem durchschnittlichen Benutzer werden ein paar Sekunden Verzögerung bei dem Senden seiner E-Mail kaum auffallen. Doch ein E-Mail-Spammer, der tausende E-Mails am Tag versenden möchte, muss bei diesem Konzept mit einem extrem hohen Mehraufwand rechnen. Nicht nur ein höherer Stromverbrauch und bessere Hardware verursachen höhere Kosten für den Spammer, sondern auch der zeitliche Aspekt schlägt besonders zu Buche. Statt tausende E-Mails innerhalb weniger Stunden zu versenden, muss der Spammer nun mehrere Tage, vielleicht sogar Wochen, warten, bis die E-Mails ihr Ziel erreicht haben. Doch die Verwendung von Bot- bzw. Zombie-Netzwerken machten das Verfahren des *Proof of Work* obsolet. Die Spammer konnten mit Botnets, also dem Zusammenschluss von einer hohen Anzahl an illegal gekaperten Computern, alle Nachteile des Arbeitsnachweises umgehen. Außerdem wurden andere Spam-Filter-Mechanismen seit dieser Idee stark verbessert. Daher konnte dieses Konzept im Bereich der E-Mails nie wirklich Fuß fassen, doch mit dem Entstehen der ersten Kryptowährung erlebte das *Proof-of-Work*-Verfahren eine weitere Blütezeit.

Wie Sie bereits aus dem Kapitel *Hashing* wissen, kann aus einem *Hash*-Wert nicht der ursprüngliche Datensatz errechnet werden. Sollte ein Benutzer also einen bestimmten *Hash* suchen, der beispielsweise mit vier Nullen beginnt (z.B. *0000fe8d*), so bleibt ihm nichts anderes übrig, als diesen per Ausprobieren zu suchen. Ein durchschnittlicher Prozessor braucht bei kurzen Ausgabewerten etwa eine Million Versuche, um einen *Hash* zu finden, der genau mit vier Nullen beginnt. Dies dauert ca. eine bis drei Sekunden, je nach Rechenkraft des Prozessors. Auf unser Spam-Filter-Beispiel bezogen bedeutet dies praktisch, dass in der Kopfzeile der E-Mail, dem sogenannten *Header*, eine Zufallszahl mitgeschickt wird.

Diese Zufallszahl muss nun vom Sender solange verändert werden, bis das *Hash*-Ergebnis mit vier Nullen beginnt. Erst dann wird die E-Mail an den Empfänger gesendet. Der Empfänger überprüft nach Eingang der E-Mail dann, ob das mit vier Nullen beginnende *Hash*-Ergebnis aus der gefundenen Zufallszahl errechnet werden kann. Dies ist mit keinem Rechenaufwand verbunden, da ja nur eine Zahl ausprobiert wird. Sollte das Ergebnis tatsächlich mit vier Nullen beginnen, ist dies der Beweis dafür, dass der Sender einen Rechenaufwand geleistet hat, um die E-Mail zu verschicken. Möchte man nun den Rechenaufwand erhöhen, setzt man einfach fest, dass das Ergebnis mit fünf Nullen beginnen muss. Entsprechend mehr Rechenaufwand muss betrieben werden. Dies ist der sogenannte Schwierigkeitsgrad (engl.: *Difficulty*) beim Errechnen neuer *Coins* in Kryptowährungen (siehe Kapitel: *Mining*).
Doch dient das *Proof-of-Work*-Verfahren bei Kryptowährungen nicht nur der Legitimierung von Daten. Die grundlegende Idee dieses Verfahrens ist es, mit dem geleisteten Rechenaufwand gleichzeitig zu bezahlen bzw. sich dafür bezahlen zu lassen.

MINING

Viele Kryptowährungen (wie auch *Bitcoin*) verwenden das Konzept des *Proof of Work,* um darüber die Teilnehmer des Systems für das Bereitstellen von Rechenleistung mit Währungseinheiten zu belohnen. Dieser Vorgang entspricht dem Drucken von neuem Geld in gesetzlichen Währungen. Bei Kryptowährungen sind die Benutzer allerdings selbst für Neuemissionen verantwortlich. Auf der ganzen Welt sitzen eifrige Krypto-Bergarbeiter vor ihren Computern und schürfen Gold um die Wette. Da die *Coins* von den Teilnehmern selbst produziert werden, musste allerdings sichergestellt werden, dass die Gesamtmenge an *Coins* nicht ungehindert zunimmt. Eine Inflation würde entstehen und damit der Wert der Währung abnehmen. Bei gesetzlichen Währungen bestimmt der Staat darüber, wie viel Geld in Umlauf ist.

Bei Kryptowährungen werden normalerweise entsprechende Sicherheitsmaßnahmen schon von Anfang an in das System eingeplant und implementiert. Die Entwickler des *Bitcoins* haben beispielsweise hierfür eine interne Regel festgelegt, nach der maximal 21 Millionen *Bitcoins* existieren dürfen. Anfang 2020 waren bereits über achtzig Prozent dieser Menge erreicht. Damit diese Menge nicht überschritten wird, wird nach der Abarbeitung von 210.000 Blöcken die Belohnung der Transaktionen halbiert (engl.: *Halving*). Da es somit den doppelten Rechenaufwand benötigt, um dieselbe Belohnung einzustreichen, wird so der Herstellung von neuen *Coins* ein Deckel aufgesetzt. Es wird davon ausgegangen, dass erst im Jahr 2130 alle verfügbaren *Bitcoins* geschürft wurden.

Da über die Rechenleistung die Funktion des gesamten Netzwerkes gesichert wird, ist sie essenziell für Kryptowährungen. Darüber hinaus schafft das Schürfen von neuen *Coins* einen finanziellen Anreiz für Benutzer des Systems. Im Gegensatz zu traditionellem Goldschürfen werden bei Kryptowährungen allerdings die zur Verfügung gestellten Dienste belohnt. Je mehr Rechenkapazitäten zur Verfügung gestellt werden, desto höher fällt die zugewiesene Belohnung aus.

Alle Transaktionen innerhalb eines Netzwerkes, wie beispielsweise *Bitcoin*, werden über einen bestimmten Zeitraum gesammelt und dann in den einzelnen Blocks der *Blockchain* zusammengefasst. Die Arbeit der *Miner* ist es, diese Transaktionen zu verifizieren und der *Blockchain* hinzuzufügen. Dafür bekommen sie die Transaktionsgebühr gutgeschrieben. Die *Miner* verifizieren die Blöcke über die Errechnung von sogenannten *Hash*-Werten (siehe Kapitel: *Hash*-Wert). Die Errechnung von *Hash*-Werten aus digitalen Daten ist allerdings sehr einfach. Ohne einen entsprechenden Schwierigkeitsgrad bei der Berechnung würde es weniger als einen Tag dauern, bis die Goldmine *Bitcoin* erschöpft wäre. Deshalb errechnen *Miner* nicht nur einfach neue *Hash*-Werte aus den gesammelten Transaktionen, die Werte müssen auch bestimmte

Voraussetzungen erfüllen.

So könnte zum Beispiel ein *Hash*-Wert gefordert werden, bei dem die ersten paar Zahlen eine Null sein sollen. Die *Miner* müssen deshalb ihre Rechenkraft darauf verwenden, diesen bestimmten *Hash* zu finden und damit die Transaktion bzw. den Block zu verifizieren. Je mehr Voraussetzungen der *Hash* erfüllen muss, desto schwieriger ist es, diesen zu finden, folglich muss auch mehr Rechenkapazität investiert werden. Dies ist der sogenannte Arbeitsnachweis von Kryptowährungen. Und da *Hash*-Werte aus einer sogenannten Einwegfunktion errechnet werden (*Hash*-Werte können nicht zurückgerechnet werden), können die *Miner* auch keine Abkürzungen nutzen, um den Arbeitsnachweis zu umgehen.

Doch um neue *Hash*-Werte errechnen zu können, muss der *Miner* die zur Verfügung gestellten Daten verändern, sonst würde immer derselbe *Hash*-Wert erzeugt werden. Damit dies gelingt, wird auf einen weiteren Wert zurückgegriffen. Die sogenannte *Nonce*. Diese *Nonce* wird zusammen mit der Transaktion verwendet, um einen neuen *Hash*-Wert zu erzeugen. Sollte der neue *Hash*-Wert nicht den zu erfüllenden Voraussetzungen entsprechen, wird eine neue *Nonce* verwendet, um einen weiteren *Hash*-Wert zu erzeugen. Dieser Vorgang wird solange wiederholt, bis der korrekte *Hash*-Wert gefunden wurde. Dieser Vorgang kann je nach Schwierigkeitsgrad sehr lange dauern, daher arbeiten *Miner* normalerweise zusammen an einem Block bzw. an einer Transaktion, bis die korrekte *Nonce* gefunden wurde. Als Belohnung werden dann, je nach erbrachter Arbeitsleistung bzw. je nach erbrachtem Arbeitsnachweis, die Transaktionsgebühr unter den *Minern* aufgeteilt. Im *Bitcoin*-Netzwerk dauert es durchschnittlich zehn Minuten, um die richtige *Nonce* und damit den korrekten *Hash*-Wert zu finden (siehe Kapitel: *Nonce*).

Um *Bitcoins* selbst schürfen zu können, benötigen Sie einen leistungsstarken Computer. In den Anfängen von *Bitcoin* konnte selbst ein handelsüblicher PC am *Mining* teilnehmen. Doch je mehr Rechenleistung dem Netzwerk zur Verfügung gestellt wird (je mehr *Miner* dem

Netzwerk beitreten), desto schwieriger wird es auch, neue *Hash*-Werte zu errechnen, und somit benötigt der *Miner* immer mächtigere Computersysteme, damit sich der Aufwand lohnt. Diese Computersysteme verbrauchen allerdings enorme Mengen an Energie und entwickeln auch extreme Wärme. Das Schürfen von *Coins* ist also immer an eine Kosten- / Leistungsrechnung geknüpft. Mittlerweile (Stand: Anfang 2020) ist das *Bitcoin*-Netzwerk so stark angewachsen, dass traditionelle Computerchips nicht mehr mit dem geforderten Arbeitsaufwand mithalten können, der benötigt wird, um einen Profit aus dem *Mining* von *Bitcoins* zu ziehen. Da die Lösung der Rechenaufgaben einen hohen finanziellen Anreiz darstellt, wurden immer mächtigere Computersysteme entwickelt, um dieser Aufgabe so effizient wie möglich nachzukommen. Zuerst wurden nur Prozessoren verwendet, dann kamen die mächtigeren Grafikchips hinzu und später wurden eigens dafür konzipierte Systeme entwickelt. Ganze Unternehmen konzentrieren sich auf das reine Schürfen von *Bitcoins*.

Eine der beliebtesten *Mining*-Systeme sind zurzeit die sogenannten *Antminer* von *Bitmain (bitmain.com)*. Die extra für die Arbeit des *Mining* produzierten Chips der Antminer Systeme kommen auf eine rasende Geschwindigkeit von 110 Terahashes pro Sekunde (TH/s). Es werden also 110.000.000 000.000 *Hash*-Werte pro Sekunde errechnet, und das bei einem relativ geringen Energieverbrauch. Sollten Sie sich entscheiden, Kryptowährungen mit solch einem Gerät selbst zu schürfen, achten Sie vor allem auf den Preis, die *Hash*-Rate (TH/s) und auf den Energieverbrauch. Je geringer der Energieverbrauch pro *Hash*, desto teurer sind auch die Produkte.

Doch auch wenn Sie nicht über die entsprechende Hardware und Mittel verfügen, um *Coins* selber zu schürfen, gibt es durchaus noch weitere Möglichkeiten am Goldrausch teilzuhaben. In den nächsten Kapiteln gehen wir auf diese Möglichkeiten ein.

CLOUD MINING

Das *Cloud Mining*, auch *Cloud Hashing* genannt, ermöglicht es Benutzern, Rechenkapazitäten für das *Mining* über ein Unternehmen anzumieten. Diese Unternehmen besitzen normalerweise ganze Lagerhallen gefüllt mit neuester Hardware, die auf das *Mining* ausgelegt ist. Nachteile des *Mining* von Zuhause aus lassen sich über das *Cloud Mining* effektiv eliminieren. Um *Coins* über das *Cloud Mining* zu verdienen, benötigen Sie dafür weder Hardware, Software oder Strom noch schnelles Internet. Des Weiteren entfallen auch Installations- bzw. Wartungsprobleme. Außerdem müssen Sie Ihr *Mining*-System nicht verkaufen, sobald es unrentabel geworden ist.

Doch gibt es auch einige Nachteile von *Cloud Mining Services*, die hier nicht unerwähnt bleiben sollen. Der wohl größte Nachteil ist, dass Sie einer dritten Instanz trauen müssen. Bei betrügerischen Absichten eines *Cloud-Mining*-Unternehmens sind Sie normalerweise nicht in der Lage, dies zu entdecken, bevor es zu spät ist.

Des Weiteren haben Sie auch keine Einsicht in die Arbeitsweise des Anbieters. Dieser könnte Ihnen beispielsweise einen kleineren Gewinn ausschütten, obwohl er eigentlich höher ausgefallen wäre, ohne dass Sie dies jemals erfahren. Ein weiterer Nachteil von *Cloud Mining* sind die höheren Kosten, mit denen Sie für den Betrieb rechnen müssen, denn das Unternehmen teilt seine Kosten durch die Abonnenten und dies schmälert Ihren Gewinn. Sie besitzen auch keine Kontrolle über die verwendete *Mining*-Software, so können Sie diese gegebenenfalls nicht anpassen. Ein weiterer Nachteil ist, dass manche *Cloud-Mining*-Anbieter eine Klausel in ihrem Vertrag verankert haben, der es dem Anbieter erlaubt, eine Auszahlung abzulehnen, sollte der Kurs der Kryptowährung zu niedrig sein oder anderweitig nicht den Vorstellungen des Anbieters entsprechen. Als letzten Nachteil möchte ich hier den ausbleibenden Spaß anbringen. Sollten Sie Freude daran haben, ein *Mining*-Setup selbst zu entwerfen und aufzubauen, ist das *Cloud Mining* keine Option für Sie.

Sollten Sie sich für einen *Cloud-Mining*-Dienst entscheiden, so empfiehlt es sich dringend, den gestellten Vertrag genau durchzulesen und nach etwaigen nachteiligen Klauseln Ausschau zu halten. Machen Sie sich des Weiteren genau mit dem zur Verfügung gestellten Dienst und all seinen Aspekten vertraut, um später auftretenden Problemen entgegenzuwirken.

Eine der größten und beliebtesten *Cloud Mining*-Anbieter ist *Genisis Mining*. Dieses Unternehmen bietet drei kostengünstige Zahlungspläne für das Schürfen von *Bitcoins* an. Doch nicht nur *Bitcoin* kann über *Genesis Mining* geschürft werden, auch Zahlungspläne bzw. Miniverträge zu alternativen *Coins*, wie zum Beispiel *Litecoin* und *Dogecoin*, stehen zur Verfügung. Nachdem die erste Zahlung getätigt wurde, steht Ihnen bereits die Hardware umfänglich zur Verfügung und Sie können mit dem Schürfen beginnen. *Genesis Mining* betreiben ihre Server-Farmen unter anderem in Island. Die Produktion von grüner Energie, durch Erdwärme und Wasserkraft, ist in Island vergleichsweise günstig und bietet daher einen der besten Standorte für diese Art von Unterfangen.

MINING POOLS

In den Netzwerken der Kryptowährungen ist es möglich, sich mit anderen Benutzern zusammenzuschließen, um mit vereinter Rechenkraft nach *Coins* zu schürfen. Dieser Zusammenschluss wird als *Mining Pool* bezeichnet. Im Gegensatz zum *Cloud Mining* bringen die Benutzer von *Mining Pools* allerdings ihre eigene Hardware ein und mieten diese nicht an. *Mining Pools* verfügen normalerweise über weit mehr Rechenkapazitäten als individuelle *Miner* und können daher sehr viel schneller neue *Coins* schürfen.

Die eingestrichenen Belohnungen werden dann zu gleichen Teilen zwischen den Benutzern aufgeteilt. Doch lohnt es sich, solchen *Pools* beizutreten, oder ist es besser, allein auf die Jagd nach neuen *Coins* zu gehen? Um diese Frage zu beantworten, müssen Sie sich vor Augen führen, dass Sie Ihre Chancen, eine Belohnung zu erhalten, signifikant erhöhen, sollten Sie in einem *Mining Pool* arbeiten. Genauso signifikant kleiner fällt allerdings die Belohnung aus, denn Sie teilen diese ja mit allen anderen Benutzern des *Pools*.

Der Vorteil ist hierbei, dass Sie mit dieser Herangehensweise ein stetiges Einkommen generieren können. Mit anderen Worten: Sie können sich weitestgehend darauf verlassen, dass der *Mining Pool* durch seine Arbeit durchgehend Belohnungen einfährt, wohingegen ein Solo-*Miner* darauf hoffen muss, den Jackpot zu knacken. Bei der Entscheidung für einen *Mining Pool* fällt also außerdem ins Gewicht, wie groß der *Pool* eigentlich ist. Je größer der *Pool,* desto höher ist auch seine gesamte Rechenkraft und desto wahrscheinlicher ist dann auch ein stetiges Einkommen. Manche großen *Pools* setzen leider ein Minimum an Rechenkraft voraus, um ihnen beitreten zu können. Auf der Webseite *litecoinpool.org/pools* können Sie sich einen Eindruck von der Rechenkraft großer *Mining Pools* anhand ihrer *Hash-Rate* (siehe Kapitel: *Mining*) verschaffen.

Im *Bitcoin*-Netzwerk ist es heutzutage durch den hohen Schwierigkeitsgrad nicht mehr möglich, als Individuum profitabel zu schürfen. Dort sind *Mining Pools* neben *Cloud Mining* die einzige profitable Option, und selbst dafür muss der Benutzer relativ mächtige Hardware zur Verfügung stellen. Eine Möglichkeit, dies zu umgehen, ist es, sein Augenmerk auf *Altcoins* zu legen. Alternative *Coins*, wie beispielsweise *Startcoin*, weisen einen geringeren Schwierigkeitsgrad auf und können so auch leichter geschürft werden.

Einige *Mining Pools*, wie beispielsweise *Multipool*, bieten mittlerweile sogar die Möglichkeit an, zwischen Kryptowährungen hin- und herzuschwenken, je nachdem, wie hoch der Schwierigkeitsgrad ist. Die Rechenleistung geht dann immer an das aktuell profitabelste Netzwerk – zum Verdruss der Fans der jeweiligen Währung, denn je nachdem, ob der Schwierigkeitsgrad kurzerhand durch die hinzugewonnene

Rechenkraft hoch gesetzt wird, verschwindet diese schnell wieder aus dem Netzwerk und lässt es für die Fans unprofitabel zurück.

Die Auszahlung der Belohnungen erfolgt bei manchen *Mining Pools* über Lösungsanteile (engl.: *Shares*). Für die geleistete Arbeit an einem Block werden demnach Anteile an die Benutzer des *Pools* verteilt. Wer *Shares* besitzt, kann also nachweisen, dass er an der Lösung eines Blocks mitgearbeitet hat. Wer eine große Rechenleistung besitzt, kann selbstverständlich auch an weitaus mehr Lösungen teilhaben, welche dementsprechend auch mit weiteren Anteilen und damit letztendlich auch mit mehr Geld belohnt wird. Diese Art der Auszahlung der Belohnungen wird *Pay-per-Share*-Modell genannt. Manchmal begrenzen *Mining Pools* die maximale Ausgabe der *Shares* an einzelne Benutzer oder setzen einen Schwellenwert fest, den neue Teilnehmer erst überschreiten müssen, bevor ihnen Belohnungen ausgezahlt werden (engl.: *Payout Threshold*).

Bevor Sie sich für einen *Mining Pool* entscheiden, empfiehlt es sich, sich nicht nur über das Auszahlungssystem eingehend zu informieren, sondern sich auch über mögliche Abschläge auf seine Anteile aufklären zu lassen. Viele *Mining Pools* ziehen diese, beispielsweise für den Betrieb des *Pools,* von Ihren möglichen Belohnungen ab. Diese Abschläge bewegen sich normalerweise zwischen einem und zehn Prozent.

Letztendlich sind auch *Mining Pools* nicht vor kriminellen Geistern gefeit. Betreiber von *Mining Pools* könnten ohne größere Probleme Belohnungen unterschlagen oder eine Auszahlung sogar komplett verweigern. Informieren Sie sich am besten über die Erfahrungen anderer Benutzer, bevor Sie eine Wahl treffen.

Zusammenfassend können Sie sich diese Fragen stellen, um sich leichter für einen bestimmten *Mining Pool* entscheiden zu können:

1. Welche Kryptowährung ist am profitabelsten / hat einen niedrigen Schwierigkeitsgrad?
2. Wie viele Teilnehmer hat der *Mining Pool* / Wie groß ist er?
3. Welche Hardware benötige ich?
4. Wie funktioniert das Auszahlungssystem?
5. Welche Kosten kommen auf mich zu?
6. Ist der Betreiber des *Pools* vertrauenswürdig?

Haben Sie sich nun für einen *Mining Pool* entschieden, müssen Sie sich nur noch auf der Webseite des *Pools* registrieren. Normalerweise unterscheidet sich der Registrierungsprozess nicht von anderen im Internet. Nachdem Sie Ihr Benutzerkonto angelegt haben, müssen Sie in diesem dann noch die verantwortliche Hardware zum Schürfen zuweisen. Danach kann es auch schon losgehen.

NONCE

Die *Nonce* ist einer der wichtigsten Datensätze bei der Berechnung neuer bzw. gültiger *Hash*-Werte. Wie Sie bereits wissen, müssen *Miner*, um eine Transaktion zu verifizieren, solange neue *Hash*-Werte erzeugen, bis dieser einer bestimmten Voraussetzung entspricht (zum Beispiel eine gewisse Anzahl von Nullen am Anfang des Datensatzes). Die *Nonce*, ein 32-Bit-Feld, ist dabei so eingestellt, dass die berechneten *Hash*-Werte eine zufällige Anzahl an Nullen am Anfang aufweisen. Die Aufgabe der *Miner* ist es, eine gültige *Nonce* und damit einen gültigen *Hash*-Wert des Blockes zu finden. Wenn ein *Miner* eine gültige *Nonce* gefunden hat, wird ihm damit das Recht gewährt, den nun gültigen Block der *Blockchain* hinzuzufügen. Für diesen Rechenaufwand wird der *Miner* selbstverständlich über die Transaktionsgebühr vergütet. Ist ein Block einmal abgearbeitet, beginnt der Vorgang erneut.

Das Verfahren des *Proof of Work* wird in Kryptowährungen über die *Nonce* angewendet. Diese ist normalerweise nur eine Zufallszahl, mit der die *Miner* immer neue *Hash*-Werte mit dem gleichen Datensatz als Grundlage, hier eine Transaktion bzw. ein Block, errechnen können, bis der gültige Wert gefunden wurde. Die *Miner* müssen hierbei die heuristische Methode *Versuch und Irrtum* (engl.: *trial and error*) anwenden und können diesen auch nicht umgehen, indem sie zum Beispiel den Ergebniswert eines *Hashes* erraten bzw. schätzen.

Das Netzwerk-Protokoll von Kryptowährungen schreibt normalerweise die durchschnittliche Anzahl der Versuche pro *Hash*-Wert vor bzw. schränkt diese gegebenenfalls ein. Im *Bitcoin*-Protokoll ist beispielsweise die Regel verankert, dass ein neuer gültiger Block im Durchschnitt nur alle zehn Minuten der *Blockchain* hinzugefügt werden soll, um Inflation zu verhindern und eine Obergrenze für die sich im Umlauf befindlichen *Bitcoins* festzulegen. Dieser variable Schwierigkeitsgrad wird über die Voraussetzungen eines gültigen *Hash*-Wertes realisiert. Um den Schwierigkeitsgrad anzuheben, können zum Beispiel die geforderte Anzahl der Nullen am Anfang des errechneten *Hash*-Wertes heraufgesetzt werden. Entsprechend würde es dann einen längeren Zeitraum in Anspruch nehmen, diese neuen Voraussetzungen zu erfüllen und einen gültigen Wert zu finden. Sollte dem Netzwerk nun weitere Rechenkraft zur Verfügung gestellt werden, wird der Schwierigkeitsgrad erneut erhöht. Dieser Vorgang wiederholt sich solange, bis alle möglichen *Bitcoins* geschürft wurden. Doch auch, wenn dem Netzwerk wertvolle Rechenkapazitäten, beispielsweise durch die Aufgabe eines *Mining Pools*, verloren gehen, sichert das Netzwerk-Protokoll die durchschnittliche Bearbeitungszeit von zehn Minuten, indem es den Schwierigkeitsgrad langsam senkt und somit weniger Leistung für den Abbau der Blöcke gebraucht wird.

MERKLE TREE

Der *Merkle Tree* ist nach seinem Erfinder, dem Mathematiker *Ralph Merkle*, benannt. Er veröffentlichte 1987 seine Gedanken in einem wissenschaftlichen Aufsatz. Die Idee war es, dass viele verschiedene Informationen nur unter einem einzigen *Hash* zusammengefasst werden können. Dazu hasht der Benutzer zuerst die Eingabedaten bzw. Transaktionen, dann werden die errechneten *Hashes* erneut gehasht, bis nur noch ein einziger *Hash* übrig ist, die *Merkle Root*. Dies ist vor allem bei der effizienten und sicheren Speicherung von Daten nützlich.

Die untersten *Hashes* in der Kette werden auch sinnbildlich als Blätter des *Merkle*-Baumes bezeichnet. Die *Hashes* auf den höheren Ebenen werden Äste des Baumes genannt. Der letzte *Hash* der Kette wird auch als die Wurzel des Baumes (engl.: *Merkle Root*) bezeichnet. Dieser wird in der Kopfzeile eines Blocks gespeichert. In einer relativ kurzen Zeichenkette spiegelt der Wert also alle in ihm enthaltenen Transaktionen und die damit zusammenhängenden *Hashes* wider. Sind dem Benutzer alle Transaktionen und *Hashes* bekannt, kann er ohne größere Schwierigkeiten und Wartezeit eine *Merkle Root* errechnen. Wie Sie bereits aus dem Kapitel *Hashing* wissen, funktioniert dieses Konzept aber immer nur in eine Richtung. Sollten dem Benutzer die Transaktionen und *Hashes* nicht bekannt sein, ist es unmöglich, eine Transaktion aus der *Merkle Root* zurückzurechnen. Es reicht also nicht aus, nur die *Merkle Root* im Block zu speichern. Auch die dahinter stehenden Transaktionen müssen im Block gespeichert werden. Dies bietet vor allem den Vorteil, dass ein Block ohne weitere Probleme von einem Benutzer auf seine Richtigkeit überprüft werden kann. Dazu hasht er alle Informationen über denselben Algorithmus erneut. Stimmt die *Merkle Root* mit dem vorgegebenen Wert überein, weiß der Benutzer nun, dass er auf dem gleichen Stand ist wie andere Benutzer dieses Blocks. Ein weiterer Vorteil des *Merkle Trees* ist es, dass ein Benutzer feststellen kann, ob eine bestimmte Transaktion bzw. ein bestimmter *Hash* in dem *Merkle Tree* enthalten ist, ohne die komplette *Blockchain* herunterladen zu müssen. Besonders bei mobilen *Wallets* kommt dieses Konzept zur Anwendung, da diese über begrenzte Speicher- und Rechenkapazitäten verfügen.

Kritik

Zwar sind Kryptowährungen eine aufregend neue Technologie, doch haben auch sie ihre Schattenseiten. Welche Nachteile gibt es bei der Verwendung? Sind Kryptowährungen so sicher, wie sie scheinen? Welche Arten von Angriffen gab es bereits auf Netzwerke? Und könnte die Berechnung von neuen *Coins* einen gravierenden Einfluss auf unser Klima haben? In diesem Kapitel versuchen wir, auf diese Fragen gemeinsam eine Antwort zu finden.

Betrügerische ICO

Nach einem unabhängigen Boom von *Initial Coin Offerings* 2017, bei dem Start-Up-Unternehmen ca. 5,6 Milliarden US-Dollar gesammelt haben, wurden Stimmen laut, diesen Markt stärker zu reglementieren. Anscheinend zurecht, denn das auf *ICOs* spezialisierte Beratungsunternehmen *Satis Group* aus New York fertigte dazu 2018 eine Studie an. In dieser stellten die Autoren fest, dass über 80 % aller *Initial Coin Offerings* einen betrügerischen Hintergrund haben sollen. Dabei analysierten die Wissenschaftler *Initial Coin Offerings* mit einer Marktkapitalisierung von über 50 Millionen US-Dollar auf ihre Qualität. Dabei wurden Daten, wie zum Beispiel veröffentlichte White Papers oder die Listings der *Tokens*, herangezogen. Daraufhin ordneten die Autoren die *ICOs* in sechs verschiedene Gruppen ein: *Betrug, gescheitert, tot, schrumpfend, erfolgversprechend, erfolgreich*. Die Verteilung der *ICOs* auf diese Gruppen sieht wie folgt aus: *Betrug* 81 %, *gescheitert* 6 %, *tot* 5 %, *schrumpfend* 4.4 %, *erfolgversprechend* 1,8 %, *erfolgreich* 1.9 %. Es sticht vor allem ins Auge, dass nur 6 % der *ICOs* scheitern, obwohl über 80 % einen betrügerischen Hintergrund haben sollen.

Die Autoren definierten die Kategorie *Betrug* dabei über Unternehmen, die zwar angeben, ein bestimmtes unternehmerisches Ziel zu verfolgen und dafür Kapital aufbringen zu wollen, aber nicht die Absicht verfolgen, dieses Ziel mit dem erbrachten Kapital umzusetzen. Des Weiteren wurden auch Unternehmen bzw. *ICOs* in diese Kategorie aufgenommen, welche bereits über die Community als Betrüger entpuppt wurden.

Die Kategorie *gescheitert* definieren die Autoren über Unternehmen, die zwar Kapital aufbringen konnten, aber nicht genügend, um das Projekt vollständig zu finanzieren (siehe Kapitel: *Soft Cap*).

In die Kategorie *tot* fallen Unternehmen, die genügend Kapital aufbringen konnten, aber nie an einer Börse notiert wurden oder einen Quellcode zu ihrem Projekt veröffentlicht haben, anhand dessen die Investoren die Arbeit am Projekt nachvollziehen könnten.

Als *schrumpfend* werden Unternehmen kategorisiert, die genügend Kapital aufbringen konnten und auch an einer Börse notiert sind, doch in den letzten 3 Monaten keine neuen Codeteile, keinen Unternehmensplan und/oder keine Test- bzw. Beta-Version ihrer Plattform veröffentlicht haben.

Erfolgversprechende Unternehmen erfüllen hingegen zwei der drei oben genannten Kriterien.

In die Kategorie *erfolgreich* werden Unternehmen eingeordnet, die alle der oben genannten Kriterien erfüllen.

Der Leser der Studie stellt abschließend fest, dass nur ein extrem kleiner Anteil der Unternehmen tatsächlich das Versprechen den Investoren gegenüber hält, obwohl es objektiv betrachtet eigentlich nicht sehr schwer sein sollte, die Kriterien eines erfolgversprechenden bzw. erfolgreichen Unternehmens zu erfüllen.

Gesetzliche Reglementierungen von *ICOs* sind also durchaus eine Diskussion wert, wie das Beispiel des Start-Ups *Savedroid* zeigt. Die *Süddeutsche Zeitung* berichtet, dass dessen Gründer *Yassin Hankir* Anfang 2018 die Unternehmenswebseite abschaltete und daraufhin spurlos verschwand, nachdem das Frankfurter Unternehmen in der Woche zuvor über den Verkauf von Tokens etwa 40 Millionen Euro Kapital aufbringen konnte. Mit dem Satz: *Thanks guys! Over and out...* postete er nur noch zwei Fotos auf Twitter, bevor er sich endgültig verabschiedete. Eines davon zeigte ihn lächelnd am Frankfurter Flughafen, das andere eine ägyptische Bierflasche vor Strandpanorama. Nachdem sich die Staatsanwaltschaft eingeschaltet hatte, tauchte der CEO allerdings wieder auf und teilte den Behörden mit, es sei alles nur ein Scherz gewesen. Er wollte der Krypto-Community lediglich aufzeigen, wie leicht es ist, mit dem aufgebrachten Kapital einfach zu verschwinden. Eine gewagte Aktion, doch vielleicht ebnet sie den Weg in eine regulierte Zukunft von *ICOs*.

51 %-Attacke

Ein der bekanntesten Sicherheitslücken des Kryptowährungssystems ist die 51 %-Attacke. Bei dieser Art des Angriffs attackieren böswillige Benutzer das *Proof-of-Work*-Konzept, also den Arbeitsnachweis, der Kryptowährungen. Dabei kontrollieren die Angreifer 51 % der Rechenleistung des Netzwerkes und können daher generelle Manipulationen an der *Blockchain* vornehmen.

Konkret bedeutet dies, dass die Angreifer zum Beispiel einen transferierten Betrag nochmals ausgeben können (engl.: *Double Spend*). Die böswilligen Benutzer kaufen dabei beispielsweise ein Produkt oder eine Dienstleistung und transferieren den Kaufbetrag an den Verkäufer. Weil die Angreifer aber 51 % der kompletten Rechenleistung des Netzwerkes kontrollieren, können diese nun eine weitere Transaktion in die *Blockchain* einfügen, die die erste Transaktion für ungültig erklärt. Die Angreifer besitzen also bereits das Produkt oder die Dienstleistung, ohne dafür bezahlt zu haben.

Ein weiteres mögliches Szenario der 51 %-Attacke wäre die Zensur der *Blockchain*. Können die Angreifer die 51 % Rechenleistung über einen größeren Zeitraum aufrechterhalten, sind sie in der Lage, zu entscheiden, welche Transaktionen sie in die *Blockchain* einspeisen und welche nicht. Auch könnten sie theoretisch bestimmte Knoten bzw. Benutzer von der Teilnahme am Netzwerk ausschließen.

Doch auch, wenn die Vorstellung einer 51 %-Attacke den neuen Benutzer unsicher werden lässt, diese Art des Angriffs ist in der Praxis schwer umzusetzen, da sie enorme Rechenleistung voraussetzt. Zwar hat es schon 51 %-Attacken auf kleinere alternative *Coins* gegeben, doch im Falle von *Bitcoin* ist dieser Angriff mittlerweile dank einer immer weiterwachsenden Benutzeranzahl praktisch unmöglich geworden. Des Weiteren würde dem Netzwerk bzw. den Benutzern dank der Transparenz des Systems ein *Double Spend* deutlich auffallen.

Es könnten sogar rechtliche Schritte eingeleitet werden, denn auch, wenn Kryptowährungen als anonym gelten, setzen die meisten Händler die Angabe persönlicher Daten voraus. Die Angreifer können somit also identifiziert werden. Auch ist es für die Angreifer nicht möglich, die Regeln des Systems zu ändern. Sie können beispielsweise keine neuen *Coins* aus dem Nichts erschaffen oder sich für die Lösung des nächsten Blocks eine exorbitante Belohnung bzw. Gebühr gutschreiben lassen. Angreifer können einen *Double Spend* nur ein einziges Mal ausführen und dieser würde dazu noch sofort auffallen. Außerdem ist der Angriff mit hohen Kosten verbunden, da die *Mining*-Rechner enorm viel Energie beanspruchen. Sollten sich nun die Benutzer des Netzwerkes gegen den Angriff wehren, indem sie ihre Rechenleistung erhöhen, haben die Angreifer umsonst Zeit und Geld investiert. Weitaus ökonomischer wäre es für die Angreifer gewesen, ihre Rechenleistung für das ehrliche *Mining* zu verwenden und somit die Transaktionsgebühr bzw. den *Blockreward* einzustreichen.

Es sprechen also genügend Gründe gegen die Umsetzung solch einer Attacke, doch gibt es bereits praktische Beispiele dafür bei kleineren Kryptowährungen. Je kleiner die Benutzerzahl und damit die Rechenleistung in einem Netzwerk, desto anfälliger ist es. 2018 wurde eine 51 %-Attacke auf das *ZENcash*-Netzwerk ausgeführt. Dabei haben die Angreifer in zwei Wellen verfügbares Guthaben mehrfach ausgegeben

(*Double Spend*) und konnten das Netzwerk somit um über 550.000 US-Dollar betrügen. Schnell wurden die gestohlenen Beträge an einer *Cryptocoin* Börse in gesetzliche Währungen getauscht. Die Kosten der Attacke werden auf etwa 30.000 US-Dollar geschätzt. Auf Seiten wie *Crypto51.app* lässt sich beispielsweise sogar Rechenleistung gegen ein bestimmtes Netzwerk mieten.

Die einzige Möglichkeit, um sich vor einer 51 %-Attacke besser zu schützen, ist die Verwendung einer *Full Node Wallet*, also beispielsweise einer *Desktop Wallet*, welche die gesamte *Blockchain* herunterlädt und überprüft. Andere *Wallets*, wie zum Beispiel die *Bitcoin Wallet App* auf dem Smartphone, verwenden nur einzelne Teile der *Blockchain*, um den Datenverbrauch zu minimieren, und sind damit entsprechend anfälliger für diese Attacke. Doch zusammenfassend sind 51 %-Attacken auf größere Netzwerke sehr unwahrscheinlich und es empfiehlt sich daher immer noch die Verwendung einer *Wallet App* oder einer *Online Wallet* für kleinere Beträge.

Diebstahl in Millionenhöhe

Nicht nur der digitale Diebstahl von *Coins* bereitet den Benutzern von Kryptowährungen Sorgen. Normalerweise ist die Hardware zum Schürfen von *Coins* extrem kostspielig und wird mitunter auch Opfer eines physischen Diebstahles. So können *Mining*-Farmen durchaus auch Ziel von organisiertem Verbrechen werden. Ende 2017/Anfang 2018 wurde in Island *Mining*-Hardware im Wert von zwei Millionen US-Dollar aus mehreren Server-Farmen gestohlen. Die Polizei geht vom größten Raubzug der isländischen Geschichte aus. Etwa 550 Computer, die für das Schürfen von *Bitcoins* verantwortlich waren, wurden dabei aus den Lagerhallen entwendet. Würden die Diebe die Hardware verwenden, um selbst *Bitcoins* und andere Kryptowährungen zu schürfen, hätten sie eine nicht versiegende Quelle an Geld, die nicht zurückverfolgt werden könnte. Sie müssten die gestohlene Hardware nicht einmal auf dem

Schwarzmarkt verkaufen, um Profit aus dem Diebstahl zu schlagen. Eine der attackierten Server-Farmen gehörte dem größten IT-Provider Islands, *Advania*, welcher über das *Mining* von Kryptowährungen jährlich Profite in Millionenhöhe verzeichnet. Etwa zwei Wochen nach diesem fünften und vorerst letzten Raubzug wurden der Anführer der Diebesgruppe *Sindri Thor Stefansson* und seine Partner verhaftet und verhört. *Stefansson* gelang es, aus dem Gefängnis nach Amsterdam zu fliehen, konnte dort aber gefasst werden und wurde letztendlich in Island vor Gericht gestellt. Die gestohlene Hardware konnte allerdings bis heute nicht gefunden werden. *Stefansson* sagte dazu: „Vielleicht weiß ich, wo sie sich befindet. [...] Vielleicht aber auch nicht.“. Obwohl Island nach dem *Global Peace Index* als die friedlichste Nation der Erde gilt, ist sie nicht von der Profitgier des Verbrechens verschont geblieben, denn es ist anscheinend bei Kryptowährungen einfacher, die Geldpressen zu stehlen, als das Geld selbst.

Ressourcenverbrauch

Einer der größten Kritikpunkte an Kryptowährungen ist der immer weiter steigende Energiebedarf, der für das *Mining* verwendet wird. Da immer mehr Rechenkraft aufgewendet werden muss, um beispielsweise *Bitcoin* zu schürfen, steigt somit auch der Stromverbrauch weiter an. In einer Studie der *Technischen Universität München* unter Leitung von *Christian Stoll* von November 2018 zogen die Autoren die eingereichten Unterlagen von drei großen Herstellern von *Mining*-Hardware (*Bitmain, Ebang* und *Canaan*) heran, als diese an die Börse gingen.

Darüber konnten die Autoren errechnen, dass die Rechner, die für das *Mining* von *Bitcoin* verantwortlich sind, jährlich so viel CO_2 ausstoßen, wie die Länder Jordanien oder Sri Lanka. 2018 wurde außerdem festgestellt, dass der Stromverbrauch der schürfenden Rechner im *Bitcoin*-Netzwerk den gesamten Stromverbrauch Dänemarks übertreffe. Die Autoren der Studie rechnen darin mit einem jährlichen

Stromverbrauch von knapp 46 Terawattstunden. Eine einzelne Transaktion kostete 2018 etwa 200 Kilowattstunden. Dies führt laut den Autoren zu einem jährlichen Kohlendioxidausstoß von 22 Millionen Tonnen. Laut dem *Cambridge Bitcoin Electricity Consumption Index* (*cbeci.org*) beläuft sich der geschätzte Energieverbrauch mittlerweile (Stand: Anfang 2020) auf knapp 80 Terawattstunden pro Jahr – eine Verdoppelung in weniger als zwei Jahren und die Tendenz ist immer noch steigend.

Über die IP-Adressen der Benutzer, die der *Blockchain* neue Blöcke hinzufügen, konnten die Forscher der *Technischen Universität München* außerdem feststellen, dass 68 % der Rechnerleistung aus Asien, insbesondere aus China, stammt. Im südlichen Raum Chinas, welcher überwiegend mit Strom aus Wasserkraft versorgt wird, stehen ungefähr die Hälfte der *Mining*-Rechner. Der Rest steht im nördlichen Raum, welcher immer noch zum Großteil über Kohlekraftwerke mit Strom versorgt wird. Laut den Forschern stoßen die chinesischen *Bitcoin-Miner* etwa durchschnittlich 550 Gramm Kohlendioxid pro verbrauchter Kilowattstunde aus. Weitere 17 % der Rechnerleistung ist in Europa beheimatet, 15 % stammen aus Nordamerika.

Stoll sagte abschließend, dass es bedeutendere Faktoren für den Klimawandel gäbe, doch sollte an Standorten mit intensiver CO_2-Belastung die Regulierung von *Mining*-Rechnern diskutiert werden. Viele *Bitcoin-Miner* sind sich diesen Umständen bewusst und setzen auf erneuerbare Energien wie Wind- und Wasserkraft.

Betrügerische Werbung

Besonders im Internet und in sozialen Netzwerken werden immer wieder unseriöse Werbeanzeigen über Geldanlagen für Kryptowährungen veröffentlicht. Es wird mit hohen Renditen geworben und gigantische Profite werden versprochen. Viele dieser Anzeigen sind undurchsichtig und geben nichts über das Geschäftsmodell an. Meist befinden sich die Anbieter im Ausland und sind möglicherweise nicht den hiesigen Gesetzen unterworfen. Achten Sie also auf Warnsignale, wie beispielsweise fehlende Angaben zum Geschäftsmodell oder zur Herkunft der Organisation.

Keine Rückbuchung

Ein Risiko bei dem Handel mit Kryptogeld ist, dass der Aufbau des Systems die Rückbuchung eines transferierten Betrages unmöglich macht. Sollten Sie also Opfer eines betrügerischen Verkäufers geworden sein, ist Ihr Geld leider verloren.

Verlust des privaten Schlüssels

Bei Verlust des privaten Schlüssels gehen auch die *Coins* in der damit verknüpften *Wallet* für immer verloren und können für den Benutzer nicht wieder freigeschaltet werden. Die *Wallet* und der Betrag darauf kann nur über den privaten Schlüssel, der nur dem einzelnen Benutzer bekannt ist, zugeordnet werden.

Unterstützung von kriminellen Aktivitäten

Kryptowährungen sind ein beliebtes Mittel für Kriminelle, ihr Geld zu waschen. 2019 verfolgte das Unternehmen *Chainalysis*, welches sich auf die Analyse von *Blockchains* spezialisiert hat, illegal gehandelte *Bitcoins* im Wert von knapp 3 Milliarden US-Dollar an den *Cryptocoin* Börsen zurück. Dieser Studie zufolge lagen diese illegal erbeuteten *Bitcoins* 2019 auf über 300.000 Einzelkonten auf den Plattformen *Binance* und *Huobi* verteilt. Normalerweise müssen die *Cryptocoin* Börsen die Identität eines Benutzers aufnehmen, sobald dieser ein neues Konto anmeldet, doch um diese Regelung zu umgehen, bieten manche Börsen Instrumente zum Handel an, welche nicht an den regulären Börsen gehandelt werden. Diesen außerbörslichen Handel nennt man auch *Over the Counter* (*OTC,* deutsch: Über den Tresen). *Chainalysis* vermutet sogar, dass sich die meisten *OTC*-Händler explizit auf Geldwäsche spezialisiert haben. Es wird vermutet, dass eine Regulierung dieser Bereiche eine positivere Bilanz zur Folge hat.

Begriffserklärung

Letztendlich gibt es so viele Begriffe im Rahmen der Kryptowährungen, dass ein kleines Glossar sehr hilfreich sein kann. Ich versuche, Ihnen hier einen Überblick über die wissenswertesten Begriffe und Definitionen rund um Kryptowährungen und *Bitcoin* zu liefern, die Ihnen bisher in diesem Ratgeber noch nicht begegnet sind oder weiterführende Erklärungen benötigen.

COINS, BITCOINS, ALTCOINS

Die Begriffe der Kryptowährungen können mitunter sehr unterschiedlich definiert sein, obwohl sie synonym verwendet werden. Unter *Coins* fassen die Benutzer jegliche Kryptowährungen zusammen. Diese spalten sich wiederum in die einzelnen Kryptowährungen auf: *Bitcoins, Litecoin, Ethereum, Tether* usw. Unter *Altcoins*, von *Alternative Coins*, verstehen die Benutzer alle Kryptowährungen, die nicht *Bitcoin* sind, da *Bitcoin* nicht nur die führende Kryptowährung ist, sondern auch die erste ihrer Art war.

TOKEN

Es kommt mitunter vor, dass der Begriff *Token* synonym zu dem Begriff *Coin* verwendet wird, doch eigentlich bestehen zwischen ihnen erhebliche Unterschiede. Wie Sie oben bereits erfahren haben, sind unter dem Begriff *Coins* alle Kryptowährungen zusammengefasst. Unter *Token* verstehen die Benutzer allerdings eher eine Art Wertpapier zu einer Kryptowährung. Diesem unterliegt ein bestimmter Wert oder ein Wirtschaftsgut. Dieses Wertpapier besitzt normalerweise keinen eigenen Wert, doch wegen der Nachfrage nach diesen Anteilsscheinen können sie zu einem bestimmten Preis gehandelt werden.

Offensichtlicher wird die Trennung der beiden Begriffe besonders durch den technischen Aspekt. Die meisten *Coins* verwenden eigene *Blockchains*, wohingegen *Tokens* sich dabei auf fremde *Blockchains* verlassen.

Tokens werden vor allem bei den bereits erwähnten *Initial Coin Offerings* von den dahinterstehenden Unternehmen ausgegeben, um sich genügend Kapital für die zukünftigen Schritte zu beschaffen. Der Investor kauft dabei die *Tokens* und hofft im Gegenzug darauf, dass in Zukunft die Nachfrage nach dieser Kryptowährung steigt und damit auch der Wert seiner *Tokens*. Die Entwicklung des Unternehmens spielt dabei eine maßgebliche Rolle.

BITCOIN PRICE INDEX

An den klassischen Börsen wie der EUREX oder NYSE sind die wertvollsten Aktien in sogenannten Indizes zusammengefasst. Ein sehr bekannter Index, der den Wert der 30 wertvollsten und liquidesten Unternehmen Deutschlands widerspiegelt, ist der *Deutsche Aktien Index*, kurz *DAX*. Auch für die Kryptowährung *Bitcoin* existiert solch ein Index, der *Bitcoin Price Index*. Anders als bei den klassischen Indizes gibt er allerdings nicht den Durchschnittswert der verschiedenen Währungen an. Wie der Name bereits vermuten lässt, ist in dem Index nur der Wert des *Bitcoins* enthalten. Er spiegelt lediglich den Durchschnittswert des *Bitcoins* an den weltweiten *Cryptocoin* Börsen wider.

NODE

Als *Nodes* werden Knotenpunkte, also Benutzer bzw. deren Software, innerhalb eines *Peer-to-Peer*-Netzwerks bezeichnet. Diese sind essenziell für den tadellosen Betrieb einer Kryptowährung, wie beispielsweise *Bitcoin*. Im Falle von *Bitcoin* kann ein Benutzer sich zwischen verschiedenen Modellen der *Nodes* bzw. Software entscheiden, welche er auf seinem Computer betreiben möchte. Der Typus des *Nodes* entscheidet letztendlich darüber, welche Aufgaben vom Benutzer im Netzwerk wahrgenommen werden können. Um die jeweiligen Aufgaben erfüllen zu können, müssen die *Nodes* allerdings die gesamte oder nur einzelne Teile der *Blockchain* herunterladen und verarbeiten.

Als *Lightweight Node* werden Knotenpunkte bezeichnet, die sich nur Teile der *Blockchain* herunterladen und diese verarbeiten. Diese *Nodes* benötigen für ihren korrekten Betrieb nur den *Block Header* eines Blocks (siehe Kapitel: *Block*). Die *Bitcoin Wallet App* für Android ist beispielsweise eine *Lightweight Node*.

Als *Full Node* bzw. ein *Full Node Client* werden Knotenpunkte bezeichnet, die sich die komplette *Blockchain* herunterladen. Um einen *Full Node* zu betreiben, wird unter anderem eine hohe Bandbreite benötigt. Ein *Full Node* bietet vor allem den Vorteil, dass Sie nicht auf die Blöcke anderer Benutzer vertrauen müssen, sondern die *Blockchain* selbst verifizieren können. *Full Nodes* arbeiten strikt nach dem Regelwerk der jeweiligen Entwickler der Währung und bilden das Rückgrat des Netzwerkes. Diese haben außerdem die Möglichkeit, *Mining* zu betreiben, ganz im Gegensatz zu *Lightweight Nodes*, welche nur Transaktionen verifizieren können.

(Falls Sie einmal sehen möchten, wie viele *Nodes* ungefähr auf der Welt existieren, besuchen Sie die Webseite *bitnodes.io.* Die *Nodes* werden dabei auf einzelne Nationen aufgeschlüsselt und in einer Rangliste angegeben. Anfang 2020 war Deutschland mit einem Anteil von über 18 % der gesamten *Nodes* im *Bitcoin*-Netzwerk auf Platz 2.).

HASH-WERT

Ein *Hash*-Wert (*to hash* engl. für zerhacken/zerkleinern) ist allgemein gesprochen ein Wert, der über komplexe mathematische Funktionen aus beliebigen digitalen Daten, wie zum Beispiel einem Schlüssel, errechnet wird. Das Verfahren stellt dabei sicher, dass der errechnete Wert immer gleich ist. Sollten die Daten, auf denen der *Hash*-Wert basiert, verändert werden, verändert sich auch der errechnete *Hash*-Wert. Wie der Name bereits vermuten lässt, macht die *Hash*-Funktion nichts anderes, als die ankommenden Daten nach bestimmten Merkmalen zu zerkleinern und diese dann eigenen *Hash*-Werten zuzuordnen. Der große Vorteil dieses Verfahrens ist allerdings, dass aus den *Hash*-Werten nicht die ursprünglichen Daten errechnet werden können (Die wohl bekannteste *Hash*-Funktion ist der von *Bitcoin* für das *Mining* verwendete *SHA256 Algorithmus.*).

SOFT / HARD CAP

Wer sich mit den *Initial Coin Offerings*, also dem Börsengang von Kryptowährungen, beschäftigt, wird früher oder später auf die Begriffe *Soft Cap* bzw. *Hard Cap* stoßen. Diese Begriffe werden für die Finanzierungsziele eines Unternehmens und dessen *ICOs* genutzt.

Das *Soft Cap* gibt dabei das untere Finanzierungsziel an, welches für die erfolgreiche Umsetzung des Projektes und des *ICOs* erfüllt sein muss. Sollte dieses Ziel nicht erreicht werden, kann das Projekt nicht fortgeführt werden und ein *ICO* wäre gescheitert. Ein seriöses Unternehmen bietet normalerweise die Möglichkeit, bereits getätigte Investitionen zurückzuerstatten, sollte ein *ICO* scheitern.

Das *Hard Cap* ist das obere Finanzierungsziel und normalerweise um einiges höher angesetzt als das *Soft Cap*. Selbst, wenn das Unternehmen in der Lage wäre, über dieses Ziel hinaus Kapital aufzubringen, wird dieses Ziel nicht überschritten. Der Begriff *Hard Cap* wird normalerweise synonym zum späteren Marktwert bzw. zur Marktkapitalisierung des Unternehmens verwendet.

FORKS

Als *Fork* wird in der Regel eine Gabelung im Entwicklungsbaum von *Open-Source*-Software bezeichnet. Da in einem *Open-Source*-Projekt praktisch jeder Zugriff auf den Quellcode des Projektes besitzt, sind die Benutzer in der Lage, eigene Versionen des Projektes anzufertigen. Es existieren nun mehr als eine Version des originalen Quellcodes. Eine *Fork* ist entstanden.

Das Konzept von *Open-Source*-Software will auf diese Weise die Entwicklung des Projektes vorantreiben und dabei einen freien Informationsaustausch gewährleisten. Auch der Quellcode von Kryptowährungen, wie beispielsweise *Bitcoin*, ist *Open-Source*. Jedem Menschen ist es erlaubt, den Quellcode zu überprüfen bzw. zu modifizieren. Allerdings müssen alle Benutzer des Krypto-Netzwerks diesen Modifikationen zustimmen, bevor diese angewendet werden können. Die Teilnehmer stimmen einfach über die Benutzung der jeweiligen Software-Version ab. So eine *Software Fork* kann man beispielsweise öfter bei der Entwicklung von *Altcoins* beobachten. Dabei wird der Quellcode von *Bitcoin* als Grundlage herangezogen, es werden Modifikationen vorgenommen sowie Features hinzugefügt und dann unter neuem Namen vertrieben.

Sollte die Protokoll-Struktur einer Kryptowährung so modifiziert werden, dass eine vorher verbotene Regel nun erlaubt ist, kann es zu einer sogenannten *Hard Fork* kommen. Das bedeutet: Wer sich nicht an die neuen Regeln hält, wird aus dem Netzwerk ausgeschlossen. Nach einer *Hard Fork* spaltet sich außerdem die *Blockchain* des Netzwerks in zwei verschiedene Versionen. Ein Beispiel hierfür ist die am 1. August 2017 aufgetretene Gabelung der *Bitcoin-Blockchain*, bei der sich die Community darum stritt, wie die Skalierung des Netzwerks zu handhaben sei. Letztendlich spaltete sich die Community und damit auch die *Blockchain* in *Bitcoin* und *Bitcoin Cash* auf. Beide *Blockchains* besitzen dieselben Ursprungstransaktionen, gehen aber seit diesem Tage getrennte Wege.

Sollte die Protokoll-Struktur einer Kryptowährung so modifiziert werden, dass eine vorher erlaubte Regel nun verboten ist, kommt es zu einer *Soft Fork*. Bei dieser Art von *Fork* sind Benutzer der alten Regeln in der Lage, weiterhin an den neuen Regeln bzw. am neuen Netzwerk teilzuhaben, da diese nicht mit dem aktuellen Protokoll in Konflikt geraten.

Fazit

Ich hoffe, Sie können nach der Lektüre dieses Ratgebers selbstsicher in die Welt der Kryptowährungen starten. Sie sollten nun in der Lage sein, Kryptowährungen anzukaufen, mit Ihnen auf verschiedene Arten zu handeln und Transaktionen auf Ihrem Smartphone und dem Computer auszuführen. Sie kennen nun einen Großteil der Begriffe rund um Kryptowährungen, den groben technischen Hintergrund und ihre Arbeitsweise. Letztendlich haben wir auch die Meinungen der Kritiker näher untersucht.

Letztendlich sind Kryptowährungen eine aufregend neue Technologie, welche von technisch begeisterten Menschen auf der ganzen Welt in rasender Geschwindigkeit fortentwickelt und immer wieder feinjustiert wird. Diese Technologie wartet nur darauf, von Ihnen verwendet zu werden, und dabei wünsche ich Ihnen viel Spaß und alles Gute.

Impressum

Herausgeber: Pegoa Global Media GmbH / Am Sandtorkai 27 / 20457 Hamburg
Kontakt: kontakt@pegoamedia.de
Coverbild: Shutterstock

Haftungsausschluss:
Die Nutzung dieses Buches und die Umsetzung der enthaltenen Informationen, Anleitungen und Strategien erfolgt auf eigenes Risiko. Der Autor kann für etwaige Schäden jeglicher Art aus keinem Rechtsgrund eine Haftung übernehmen. Haftungsansprüche gegen den Autor für Schäden materieller oder ideeller Art, die durch die Nutzung oder Nichtnutzung der Informationen bzw. durch die Nutzung fehlerhafter und/oder unvollständiger Informationen verursacht wurden, sind grundsätzlich ausgeschlossen. Rechts- und Schadenersatzansprüche sind daher ausgeschlossen. Dieses Werk wurde sorgfältig erarbeitet und niedergeschrieben. Der Autor übernimmt jedoch keinerlei Gewähr für die Aktualität, Vollständigkeit und Qualität der Informationen. Druckfehler und Falschinformationen können nicht vollständig ausgeschlossen werden. Es kann keine juristische Verantwortung sowie Haftung in irgendeiner Form für fehlerhafte Angaben vom Autor übernommen werden. Die bereitgestellten Analysen, Vorschläge, Ideen, Meinungen, Kommentare und Texte sind ausschließlich zur Information bestimmt und können ein individuelles Beratungsgespräch nicht ersetzen. Alle Informationen dieses Buches entsprechen dem Kenntnisstand zum Zeitpunkt des Verfassens dieses Buches. Eine Haftung für mittelbare und unmittelbare Folgen aus den Informationen dieses Buches ist somit ausgeschlossen.
Informieren Sie sich weitläufig aus unterschiedlichen Quellen und bedenken Sie, dass am Ende nur Sie für die Entscheidungen verantwortlich sind.

Urheberrecht:

Haftung für externe Links:
Unser Angebot enthält Links zu externen Websites Dritter, auf deren Inhalte wir keinen Einfluss haben. Deshalb können wir für diese fremden Inhalte auch keine Gewähr übernehmen. Für die Inhalte der verlinkten Seiten ist stets der jeweilige Anbieter oder Betreiber der Seiten verantwortlich. Die verlinkten Seiten wurden zum Zeitpunkt der Verlinkung auf mögliche Rechtsverstöße überprüft. Rechtswidrige Inhalte waren zum Zeit-punkt der Verlinkung nicht erkennbar.

Wir danken Ihnen für Ihr Interesse und Ihr Vertrauen. Als Dankeschön dafür, haben wir eine besondere Überraschung. Wir haben einen **ultimativen Leitfaden für Einsteiger ins Aktien- und Börsengeschäft** für Sie. Und dieses erhalten Sie vollkommen kostenlos. Das klingt wunderbar? Dann warten Sie nicht lange und holen Sie sich Ihr Gratis-Geschenk.

Hier geht es zu Ihrem Gratis-Geschenk:

https://forms.gle/gduy3doWN5ejuaub9

1. **Öffnen Sie die Kamera-App auf Ihrem Smartphone und richten Sie die Kamera auf den QR-Code.**
2. **Klicken Sie auf den Link, der Ihnen angezeigt wird und schon werden Sie zur Website weitergeleitet.**